KB205810

지속가능한 목회는 **우리 시대** 어떻게 가능한가

일하는 목회자에 관한 거의 모든 이야기

지속가능한 목회는 **우리 시대** 어떻게 가능한가

일하는 목회자들에 관한 거의 모든 이야기

초판 1쇄 발행 2023년 12월 1일

글쓴이 박종현

펴낸이 박종현
펴낸곳 플랜터스
출판등록 2020년 4월 20일 제63호
주소 서울시 송파구 오금로 46길 41, 5층
전화 02-2043-7942 팩스 070-8224-7942
전자우편 books@planters.or.kr
홈페이지 plantersbooks.com

© 박종현 2023. Printed in Seoul, Korea.

ISBN 979-11-970424-8-5 03230

플랜터스는 좋은 가치를 심습니다.

이 책은 자연을 사랑하는 마음으로 친환경 재생용지를 사용해 제작했습니다.

지속가능한 목회는 **우리 시대** 어떻게 가능한가

일하는 목회자에 관한 거의 모든 이야기

박종현 지음

Planters'

박종현 목사님을 생각하면 '중꺾마'가 떠오릅니다. 중요한 것은 꺾이지 않는 마음이지요. 그리고 요즘에는 '중요한 것은 꺾여도 계속하는 마음'이라고 말하기도 합니다. 교회야말로 그렇습니다. 꺾이고 꺾여도 사명과 사랑으로 계속 나아갑니다. 그만큼 소중한 것이니까요. 본서에는 그런 마음이 담겨있습니다.

서두에서 밝히듯 우리는 뉴노멀 시대를 살아갑니다. 기존 질서는 이제 급격히 무너지고 있습니다. 교회도 새로운 세상에서 어떻게 자리매김해야 할지 고민할 수밖에 없습니다. 일하는 목회자는 새로운 시대에 새로운 교회를 고민하고 시도할 수 있는 파이어니어입니다. 파이어니어는 실패를 두려워하지 않고 걸어갑니다. 실패가 쌓이고 쌓여 새로운 질서를 만들어냅니다. 저도 그 실패의 더미 속 어디엔가 낑낑대며 살아가고 있습니다. 우리는 그렇게 새로운 시대의 새로운 길을 만들어 가는 사람들입니다. 아마 이 책을 읽으실 분들도 같은 길을 가시겠지요. 본서를 통해 위로와 지혜를 얻을 수 있으리라 확신합니다.

목회자의 이중직 문제는 지난 수년간 현실적이며 대안적인 사역의 방향으로 거론되어왔다. 이중직은 교단에서도 중요한 신학적, 목회적 토론의 의제가 되었다. 최근 신학대학원에 진학하는 예비 목회자들은 교수와 선배 목회자들로부터 앞으로는 대부분 이중직을 해야 한다는 충고를 심심치 않게 듣는다. 하지만 이중직을 위한 체계적인 가이드가 없는 상태에서 그와 같은 충고는 공허함과 아쉬움만 남길 뿐이다. 그런 의미에서 본서는 이중직의 실제와 현황에 대한 구체적이고 상세한 안내를 담은 선구적인 저서다. 지금까지 일하는 목회자로 살아온 저자 자신이 다양한 동료 목회자들의 상황을 면밀히 관찰하며 쌓아 온 내공과 현실감각을 유감없이 보여주고 있다. 이 책은 우리 시대에 지속가능한 목회와 선교의 방향을 제시하는 실천신학적 매뉴얼이다.

송동호_ NOW Mission 대표

시인 도종환은 〈처음 가는 길〉이란 시에서 말한다. "아무도 가지 않은 길은 없다. 다만 내가 처음 가는 길일 뿐이다 … 두려워 마라. 두려워 하였지만 많은 이들이 결국 이 길을 갔다. 자기 전 생애를 끌고 넘은 이들이 있다. 순탄하기만 한 길은 아니다. 낯설고 절박한 세계에 닿아서 길인 것이다." 마치 그의 시가 엔데믹 시대에 일하는 목회자들의 삶과 길에 대한 묵상처럼 읽힌다. 바로 이 길에 대한 길라잡이와 같은 책이 나왔으니 참으로 반가운 일이 아닐수 없다.

박종현은 지금껏 그의 책의 글처럼 걸어온 사람이다. 그가 걸어온 길은 결코 아무도 앞서 가지 않은 길은 아니었지만, 그에겐 낯선 초행길이었으니 왜 두려움 없었으랴. 그러나 그 길을 걸으며 그는 절박한 세계에 닿았고, 거기서 누군가는 가야 할 길을 보았다. 저자는 지금도 그 길 위에 서 있다. 지금껏 그 길을 걸으며 생각하고 만나고 듣고 배우고 나누었던 이야기들이 이 책에 가득하다.

저자는 이 주제에 대한 신학적 균형은 물론이고, 그의 삶처럼 정확하게 우리의 가려운 곳을 긁어준다. 그의 경험처럼 다양한 사례까지 곁들였다. 누군가 일하는 목회자로서 고민하고 있거나 이 길을 준비하고 있다면, 주저없이 본서를 권한다. 모두 이 책과 함께 두려움 없이 실행의 큰 걸음을 옮겨갈 수 있기를.

안덕원_ 횃불트리니티신학대학원대학교 실천신학 교수

교회와 목회에 대한 이야기는 누구나 자유롭게 할 수 있겠지만, 깊은 속사정은 아무나 읽어내지 못하며 섬세하고 객관적인 서술은 더더욱 쉽지 않다. 풍부한 지식과 경험을 소재로 맛깔나게 우려낸 정성과 솜씨에 경탄하며 저자가 품은 거룩한 열정과 애정의 각별함에 고마운 마음을 전한다. 독자들은 신학과 현장이 무람없이 오가는 생동감 넘치는 대화의 장에서 때로는 무릎을 치며 동의할 것이고, 따뜻한 위로와 격려를 받을 수 있으리라 기대하고 확신한다.

추천사 5

양현표_ 총신대학교 신학대학원 실천신학 교수

영어권에서는 "일하는 목회자"(Bi-vocational Pastor)에 관한 연구서가 다수 존재한다. 하지만 한국에서는, 이미 일하는 목회자 현상이 보편화 되었음에도 불구하고, 일하는 목회자에 관한 학문적 연구나 실제 상황을 다룬 문헌들은 찾아볼 수 없다. 왜냐하면, 이제야 그에 대한 학문적이고 문헌적 접근이 시작되었기 때문이다. 이 책의 출간은 한국 실천신학 영역에서 획을 긋는 일이다. 무엇보다도 이 책은 대한민국이란 목회 현장을 배경으로 하여 일하는 목회자 현실에 관해 서술한 최초의 책이라는 데서 큰 가치가 있다. 저자의 직간접 경험을 바탕으로 서술한 이 책은 오늘날 두 가지 이상의 직업에 종사할 수밖에 없는 목회자, 혹은 그러한 상황에 들어갈지 몰라 두려워하는 목회자들의 좋은 지침서가 될 것이다. 지금까지 일하는 목회자에 관하여 연구하고 강의해온 나로서는 저자의 노고에 진심으로 감사하는 바이다.

추천사 6

윤은성_ 사단법인 센트 이사장

대전환의 시대라고 말해야 할만큼 시대의 변화가 심상치 않습니다. 개인도 공동체도 존재의 의미와 방식을 고민하는 시대입니다. 고민은 깊어가고 길은 보이지 않는 것 같습니다. 하지만 시대마다 하나님의 등불이 꺼지지 않도록 자기를 불태우는 횃불같은 사람들이 항상 있었습니다. 저는 개인적으로 일하는 목회자들이 지금 시대에 그런 사람들이라고 생각합니다. 길이 보이지 않고 시름이 깊어져 가는 시대에 길을 만들기 위해 자신의 삶을 시대 속에 내던져 실험하고 모험하는 사람들입니다. 어쩌면 작금의 시대적 흐름 속에 교회의 미래만큼 불투명한 것이 없어 보입니다. 그러나 끊임없이 안개를 헤치고 앞으로 나아가는 사람들이 더 선명한 미래에 가까이 가게 될 것입니다. 이제 개척도 창업인 시대가 되었습니다. 목회자가 로컬 크리에이터로 살아야 하는 시대가 되었습니다. 이 책이 길을 찾는 이들에게 길잡이가 될 것입니다.

이박행_ 예장 합동 총회교회자립개발원 연구위원, 〈겸직목회〉 책임편집자

한국교회의 일하는 목회자에 대한 차별은 전 세계적으로도 유례가 없다. 본서는 성직주의 폐해가 최악에 이른 한국교회에 경종을 주고 있다. 최초의 인류 아담은 제사장이며 농부였다. 그런 의미에서 '일하는 목회자'는 전혀 새로운 주제가 아니다. 저자는 일과 목회를 병행하고자하는 이들을 위해 생계형에서 선교형 이중직까지 알토란같은 정보를 친절하게 제공하고 있다. 암울한 현실에 처한 조국교회에 선교적 전망을 새롭게 열어주는 책이다. 몽상(夢想)과 파상(破狀)의 경계에서 고민하는 이들에게 일독할 것을 강력히 추천한다.

이재학_ 하늘땅교회 담임목사, 작은교회연구소 소장

박종현 목사님은 늘 누군가의 문제를 해결해준다. 이미 철 지난 문제일지 모르지만 10여 년 전만 해도 일하는 목회자에 대한 이슈는 첨예하게 교단과 교파에 따라 나누어졌다. 하지만 박종현 목사님의 수고로 많은 목회자들이 자유하게 일할 수 있는 권리를 찾게 되었다. 성직이란 따로 있는 것이 아니다. 오히려 주님이 맡겨주신 일이기에 주께 하듯 하는 마음이 필요하다. 그동안 누군가 시시비비를 가리려고 할 때 목사님은 차분한 마음을 가지고 글을 통해 설득했다. 본서는 그동안 목사님이 최선을 다한 신학적 여정이며, 실천적 고민이다. 일을 선교적으로 이해하려는 노력이 진정한 자유의 길이 되었고 목회적으로 연결하는 통로가 되었다. 누군가는 먼저 말해야 하는 것에 대해 용기를 내어주신 목사님의 수고에 감사하며, 일터 현장에 계시는 목회자들에게 일의 고귀함이 구별없이 더 큰 의미로 여겨지길 바란다.

정재영_ 실천신학대학원대학교 종교사회학 교수

박종현 목사는 이중직 목회에 진심이다. 그가 스스로 이중직 목회를 하고 있을 뿐만 아니라 이중직 목회자들이 협력하고 정보를 공유할 수 있도록 오래전부터 온라인 공간도 운영하고 있다. 그보다 이중직 목회에 대해 잘 아는 사람은 없을 정도이다. 그런 그가 이중직 목회에 대한 책을 썼다. 이 책이 이중직 목회에 대한 부정적인 시각이나 염려를 벗겨내고 새로운 목회로서의 가능성을 확장하는 데 크게 기여할 것이라고 확신한다. 그가 '이중직 목회'라고 하지 않고 '일하는 목회자'라고 하는 것도 그러한 이유 가운데 하나이다. 이 책은 이중직 목회를 하고자 하는 이들에게도 더없이 좋은 안내서가 될 것이다.

조성돈_ 실천신학대학원대학교 목회사회학 교수

목회자에게 이중직을 허용할 것이냐의 논의는 이제 벗어났다고 본다. 문제는 그러면 무엇을 할 수 있느냐이다. 이 책은 바로 그 문제에 대해서 구체적인 답을 준다. 무엇을 준비해야 할지, 그리고 무엇을 시작해야 할지를 알려 준다. 이 책은 그런 의미에서 '일하는 목회자'라는 영역에서 또 다른 국면을 열 것으로 보인다. 생계를 위한 목회가 아니라 정말 소신껏 하나님 나라를 위해 일하는 목회자들이 이 책으로 길을 볼 수 있기를 기대해 본다.

최동규_ 서울신학대학교 실천신학 교수

본서는 그동안 주로 이론적으로만 다뤄져 온 선교적 교회론을 일터 사역과 결합한 탁월한 책이다. 최근에 많은 목회자와 그리스도인들이 한국적 상황에서 선교적 교회론을 이해하고 그것의 실천적 방향과 방법을 모색하고 있다. 그중에서도 일하는 목회자는 신학적으로나 실천적으로 많은 질문이 제기되는 뜨거운 이슈다. 일하는 목회자로서 박종현 목사가 현장에서 직접 경험하고 신학적으로 깊이 성찰한 것을 담은 이 책은 목회의 본질과 선교 패러다임을 다시금 생각하게 하는 역작이다. 목회자와 신학생, 평신도들에게 강하게 추천한다.

.

차 례

추천사 • 4
프롤로그 • 15

1장 일하는 목회자란 누구인가   21

이중직은 어떻게 문제가 되었을까 • 23
이중직의 새로운 표현, 일하는 목회자 • 26
7년의 절벽 앞에서 • 29
선택이 빠를수록 주도권을 갖게 된다 • 32
　#인터뷰 #정은상 목사 • 36

2장 일하는 목회자의 직업선택 가이드   41

목회자의 자영업 • 45
　#인터뷰 #도재욱 대표 · 49
목회자의 비정규직 • 53
　#인터뷰 #김진성 목사 · 56
목회자의 정규직 • 60
　#인터뷰 #윤근배 목사 · 65

3장 **일하는 목회자의 자기관리** 69

　시간관리와 영성 ・ 71

　재정관리 ・ 74

　　#인터뷰 #서경준 원장 ・ 78

　후원 ・ 81

 4장 **일하는 목회자와 선교적 삶** 85

　일과 영성에 대한 네 가지 입장 ・ 87

　일하는 목회자의 선교적 삶에 대한 다섯 가지 제언 ・ 95

 5장 **일하는 목회자와 N잡러** 99

　N잡러를 아시나요 ・ 101

　사이드잡이라는 파이프라인 ・ 104

　어떻게 준비할까 ・ 108

 6장 **목사님, 어느 쪽이 본캐인가요?** 115

　부캐만사성의 시대 ・ 117

　멀티버스와 세계관 이야기 ・ 119

　일하는 목회자와 부캐 ・ 122

　일하는 목회자 유니버스 ・ 126

　'덕질'로서의 목회 ・ 129

7장 일하는 목회자와 사회적 경제　　　133

사회적 경제, 문제를 해결하다 · 135

사회적기업 · 138

협동조합 · 141

사회적협동조합 · 144

마을기업 · 146

사회적 경제와 일하는 목회자 · 148

8장 일하는 목회자와 귀농귀촌　　　151

농촌에서 희망을 발견하다 · 153

귀농귀촌을 위한 거주와 정착 · 158

목회의 또 다른 기회, 귀농귀촌 · 160

다시 떠오르는 선교지, 농촌 · 164

9장 로컬, 로컬 크리에이터 그리고 로컬 교회　　　165

로컬, 로컬교회 · 168

로컬 크리에이터의 등장 · 170

로컬 크리에이터와 라이프스타일 경제 · 171

로컬 공간에서의 문화적 가치 창조 · 173

창업을 통한 로컬 크리에이터 목회 · 175

교회가 로컬에 주목해야 하는 이유 · 178

10장 일하는 목회자와 IT, 미디어 업종   181

출판 편집프로그램(DTP) 활용업종 · 183

사진 촬영과 편집기술 활용 · 188

영상 미디어를 활용한 비즈니스 · 191

11장 마을활동가와 일하는 목회자   197

마을목회와 마을활동가 · 199

마을공동체에 참여하기 · 203

관심영역에서 먼저 일해보기 · 205

행정에 익숙해지기 · 207

장기적인 로드맵을 가지기 · 209

12장 교회의 미래 그리고 일하는 목회자   213

신(新)성직주의의 등장 · 215

마이크로 처치가 온다 · 220

개척이 쉬워진다 하이브리드 교회의 탄생 · 223

#인터뷰 #안성진, 최성은 목사 · 228

에필로그 · 233

박종현 목사의 사역 소개 · 238

프롤로그

코로나19 발병 4년차, 세계는 팬데믹에서 엔데믹으로의 전환을 맞았습니다. 사회적 거리두기 조치가 완화되거나 완전히 해제되었고, 대부분의 국가에서 마스크 착용은 더 이상 의무가 아닙니다. 코로나 특수를 누리던 업종들의 매출이 급감하고 해당 기업의 주가가 하락세라는 뉴스조차 시들해진 걸 보면, 정말 이 위기가 끝나는가 싶기도 합니다. 그러나 신종 변이는 여전히 등장합니다. 2023년 7월 현재, 우리나라의 주된 변이는 BA.5입니다. 전파력도 높고, 백신이나 자연면역에 대한 내성도 높지만, 확진이 죽음으로 이어진다는 불안은 그친 듯합니다. 어르신들이 모여 계신 경로당 같은 곳은 오히려 알아서 마스크를 쓰는 분위기입니다만, 예전 같은 공포는 더 이상 없습니다.

팬데믹만 지나면 모든 게 정상으로 돌아올 줄 알았습니다. 많은 학자들은 코로나 팬데믹 이후 시대를 뉴노멀로 정의했습니다. 기껏해야 조금 낯설거나 새로운 일상을 기대했던 우리 앞에 뜻밖의 위기가 등장했습니다. 국제적인 경제위기가 그것입니다. 푸틴의 우크라이나 침공은 코로나19로 인해 발생한 경제위기에 기름을 붓는 격이었습니다. 급등하는 식량과 에너지 비용은 인플레이션을 가속화했고, 이에 따른 급작스런 금리인상은 경기침체와 고용위기로 이어지고 있습니다. 기후위기가 심화시켰던 각 분야의 불평등이 새로운 경제위기로 고착화될 위기입니다.

이러한 거시경제의 변화가 골목상권은 물론 개인의 삶에 심각한 타격을 주기 시작했습니다. 코로나 위기가 시작된 지 4년이 다 되어가지만, 상인들은 지금이 코로나 팬데믹 때보다 더 어렵다고들 이야기합니다. 부동산 폭락, 자산시장의 붕괴에 이어 새로운 외환위기설까지. 잠시 반등하는 분위기이지만, 자산시장에 켜진 빨간불은 여전합니다. 지금 국가가 제대로 기능하고 있다고 믿는 사람이 몇이나 될까요?

이런 상황에서 교회가 위기라고 말하는 일은 진부해 보이기까지 합니다. 그러나 진짜 위기는 아직 시작하지도 않았다는 예측이 우리를 더욱 긴장시킵니다. 골목상점들이 코로나 기간을 버텨낸 건 긴급대출 때문이었습니다. 이제 금리가 크게 인상되면서 이자조차 감당하기 어려운 지경입니다. 더구나 이를 상환할 때가 다 되었지만 형편은 조금도 나아지지 않았다는 평가입니다. 가계부채 폭탄 역시 마찬가지입니다. 성도들의 재정상황은 교회에 직접적인 영향을 미칩니다. 신실한 성도들 덕분에 교회가 코로나를 무사히 지나왔지만, 이미 다가온 경제위기가 증폭된다는 소식은 모두를 두렵게 합니다.

교회의 위기는 곧 목회 생태계의 위기입니다. 그러나 오래 전부터 이 생태계의 한 쪽에서는 다른 길을 내는 이들이 있었습니다. 이중직이라는 불편한 이름으로 불리던 일하는 목회자들은 자신들만의 방식으로 목회와 생계를 지속해오고 있습니다. 오랜 시간 부정결한 존재처럼 여겨졌던 이들은 이제 조금씩 편견의 그늘을 벗어나고 있습니다. 각 교단들은 언제 그랬냐는 듯, 지원책을 펴내기 시작했습니다. 물론 모두가 긍정적인 상황은 아닙니다. 한 편에선 이 비상한 상황에서 원치 않게 일하는 목회자의 삶으로 내몰리는 이들도 있으니까요.

저는 2016년부터 페이스북 상에서 '일하는 목회자들'이라는 그룹을 운영해왔습니다. 그 때만 해도 일하는 목회자들은 교회법상 불법으로 분류되고 믿음이 없는 자, 소명이 부족한 자, 목회에 열의가 없는 자로 여겨졌습니다. 교회가 목회자들의 생계를 책임질 수 없는 사회경제구조로 인해 나타난 현상인 일하는 목회자들은 이

곳에 모여 자신들의 삶과 정보를 나누기 시작했습니다. 당시만 해도 살아남기 위해 애쓰는 서로를 위로하고 격려하는 것이 그룹의 가장 큰 목적이었습니다.

그러나 이제는 많은 것이 달라졌습니다. 지속가능한 목회와 선교를 위해 각 교단은 이제 일하는 목회자들을 발굴하고 양성하는 실제적인 방법을 고민하고 있습니다. 무엇보다 일상에서 가장 소중한 영역 중 하나인 일터에서 사람들을 만나고 선교하는 일하는 목회자의 존재는 더욱 가치있게 여겨지고 있습니다. 교회가 사회로부터 신뢰받지 못하고 지탄의 대상이 되어버린 오늘날, 일하는 목회자들은 의미 있는 삶을 살아내고 있는 현장 선교사로 주목받고 있습니다.

학자들의 선행연구들은 이 오래된 새로운 현상을 이해하는 데에 적잖은 기여를 했습니다. 그러나 정작 일하는 목회자들 자신의 목소리가 담긴 이야기들은 많지 않았습니다. 실제로 삶을 살아내는 당사자로서 그리고 많은 일하는 목회자들을 대변하고 인사이트를 제공해왔던 입장에서 저만이 나눌 수 있는 이야기가 있다고 생각했습니다. 그리고 그간 함께 고민해왔던 내용들, 개인적인 만남이나 신학교 강단, 세미나 등을 통해 나눴던 내용들을 정리해 더 늦기 전에 책으로 남겨 더 많은 분들과 나누고 싶었습니다.

이 책에는 일하는 목회자가 등장하게 된 배경부터 직업선택, 자기관리는 물론 선교적 의미와 함께 우리 시대 일하는 목회자가 되고자 하는 분들께 꼭 소개하고 싶은 영역들을 담았습니다. 새로운 길을 내고자 하는 신학도와 목회자들에게는 먼저 길을 걸은 이들의 이야기가 더욱 뜻깊게 다가올 것입니다. 또한 조국교회를 사랑하는 목회자와 성도들께는 오늘날 교회가 꼭 인지해야 하는 시대적 현상과 새로운 목회영역을 탐색하는 좋은 기회가 될 것입니다.

본 책은 〈목회와 신학〉(두란노)에서 2022년 3월부터 12회에 걸쳐 연재했던 내용을 정리한 것입니다. 이름 없는 목회자의 작은 목소리를 연재할 수 있게 해주시고, 기꺼이 출판을 허락한 목회와 신학에 지면을 빌어 다시 한 번 감사드립니다. 이 책이 칠흑같이 어두운 시대에 깜빡이는 작은 반딧불이라도 될 수 있기를 기대해봅니다.

일하는 목회자란
누구인가

#job

지난 4년간 코로나 팬데믹을 겪으며 사회의 모든 영역에서 경제 문제가 다시 한 번 가장 중요한 관심사로 떠올랐습니다. 목회 영역도 예외는 아니었습니다. 목회자의 이중직 이슈가 다시 한 번 수면 위로 부상한 것도 이 때문입니다. 이른바 이중직 목회자에 대해 차갑기만 하던 기성 교단의 시선이, 이제 많은 목회자들의 실존 앞에서 조금씩 누그러지고 있습니다. 세계적인 보건 위기 상황으로 교회 안에서의 일상적 종교 활동조차 지탄과 비판의 대상이 되고 말았습니다만, 덕분에 교회 바깥에서 일하며 목회하는 삶이 가진 선교적 가치가 비로소 재조명되고 있습니다. 산 위의 마을이 숨겨지지 못하듯, 일하는 목회자들의 아름다운 이야기가 여기저기서 보도되기도 했습니다.

그러나 현실은 여전히 냉혹합니다. 성도들이 분투하듯 살아가는 치열한 현장에서 운전면허 하나 달랑 지닌, 요즘 말로 고학력 무쓸모인 목회자들은 생존이라는 늪에서 간신히 목만 내놓은 형국입니다. 투잡, 쓰리잡으로 지친 몸을 이끌고 보이지도 않는 성도들과 온오프라인으로 교감하며 가까스로 강단을 지켜내던 이들 역시 오늘도 쓰러져가는 조국교회를 온몸으로 받아내는 똑같은 목회자들이라는 사실을 기억해야 합니다.

이중직은 어떻게
문제가 되었을까

사실 이중직, 즉 또 다른 직업을 가진 목회자에 대한 시선이 처음부터 차가웠던 것은 아닙니다. 교회는 그 출발에서부터 신앙과 노동의 관계를 긍정적인 것으로 이해했습니다. 천막을 만들어 생계를 꾸렸던 것으로 알려진 바울에게까지 거슬러 올라가지 않더라도, 종교개혁가들은 노동의 존엄과 소명을 근거로 이 둘을 통합하려 시도했습니다. 수도원 전통에서 알 수 있듯 기독교 영성에서 노동은 중요한 위치를 차지합니다. 초기 선교기에 우리에게 가장 많은 영향을 미친 미국에서도 당시 일하는 목회자는 보편적인 현상이었습니다. 그런데 오늘날 유독 조국교회에서는 일하는 목회자의 존재가 왜 불편하게만 느껴질까요? 다양한 이유가 있겠지만, '이중직'이라는 단어가 사회화되는 과정에서 그 원인을 찾을 수 있습니다.

일하는 목회자들은 이미 오래전부터 우리 곁에 있었습니다. 물론 청빈과 검약만이 미덕이던 시절, 목회자의 모범은 이른바 까마귀가 물어다 주는 은총을 기다리는 일이었습니다. 목회자인 남편이 사역에 전념하도록 일터로 나가 가계를 꾸려나가는 게 목회자 아내들의 미덕처럼 여겨지기도 했습니다. 물론 이와 달리 학비를 벌기 위해, 때로는 가정을 지키기 위해 시간을 쪼개어 아르바이트를 하는 목회자들도 적지 않았습니다. 당시에는 누구도 그것을 비난하지 않았고, 이중직이라는 굴레를 씌우지도 않았습니다. '우리 전도사님이 형편이 어려워 아르바이트를 한다'며 측은한 눈으로 바라보거나 생활비에 보태 사용하라며 봉투를 건네는 정도였습니다.

우리 사회에서 '이중직'이라는 단어가 본격적으로 유통되기 시작한 건, 규모 있는 교회의 담임목회자들이 다양한 사회활동에 참여하면서부터입니다. 이들이 신학교 교수, 총장, 사회복지기관의 단체장 등을 겸직하면서 목회자가 지나치게 많은 급여를 받아도 되는가에 대해 의문이 제기되었습니다. 이들이 교단 내에서 정치적인 충돌을 일으키면서, 이중직이라는 키워드가 각 교단의 이슈로 등장하곤 했습니다.

1990년대 교계 기사를 '이중직'이라는 키워드로 검색해보면, 요즘에 비해 확실히 부정적인 뉘앙스가 강합니다. 기본적인 논조는 고

소득에 대한 비판입니다. 이중직이라는 표현은 이런 이유로 돈을 두 군데 이상에서 받는 목회자, 본질에 충실하지 못하고 경제적 탐욕이 가득한 목회자라는 이미지를 갖게 되며 부정적인 단어로 자리매김했습니다.

1990년대 중반 이후 교회는 쇠퇴기에 진입했습니다. 경제의 고속 성장이 이미 멈췄는데도 교회는 관성대로 양적 성장에 집착했습니다. 이것이 더 이상 통용되지 않음을 깨달은 것은 안타깝게도 이미 많은 교회들이 무리한 건축으로 파산하고 난 뒤였습니다. 문을 닫는 것은 대형 교회만의 문제가 아니었습니다. 교인 수가 목회의 지속 가능성을 담보하는 상황은 작은 교회에서 훨씬 예민하게 작동했기 때문입니다. 규모가 작은 교회들은 교인 수마저 줄어들어 생계는 고사하고 교회 공간을 유지하는 일조차 버거워졌습니다. 고정 자산을 형성하지 못한 교회들은 월세조차 빚을 내고 지불해야 했습니다. 목회자들은 목회 활동을 지속하기 위해 부득이하게 세속 일터를 찾아야 했습니다.

그렇게 벌어도 교회와 가정을 함께 돌보지 못하는 상황이 속출했지만, 교단은 헌법의 이중직 불가조항을 내세우며 제때에 대응하지 못했습니다. 교단에서 의사결정에 참여하는 이들은 이미 전통적인 목회를 통해 성취를 경험한 이들이었습니다. 이들에게 목회는 성직이기 때문에 목회자가 세속 직업을 갖는 것은 목회에 전념하는 것을 방해하는 일이라고 생각했습니다. 또한, 목회자는 목회로 승부를 봐야지 일을 해서 돈을 버는 것은 마음을 흐리게 한다는 고정관념이 팽배했습니다. 그렇게 이중직 목회자는 교회 안에서 설 자리를 잃게 되었습니다. 믿음이 없어 돈을 탐하는 존재로 인식되면서 말입니다.

이중직의 새로운 표현,
일하는 목회자

제가 지금의 교회를 개척한 건 2015년의 일입니다. 이미 교회가 목회자의 최소한의 생계를 책임질 수 있었던 시대가 끝났다고 판단했기 때문에, 우리 가정은 심리상담센터를 교회개척 수 년 전에 먼저 설립했습니다. 지역사회에서 의미 있게 기능하는 비즈니스가 선교적 플랫폼으로 자리를 잡고, 그 위에 지역교회를 세우는 선교적 교회의 모델을 상상하면서였습니다. 그러나 교회의 언저리에서만 살아온 우리들에게 비즈니스 세계는 냉혹했습니다. 비단 자영업뿐만이 아닙니다. 이처럼 다른 직업으로 생계를 꾸리며 목회하는 이들이 가장 먼저 경험하는 어려움은 마땅한 정보도 경험도 없이 열정만 가득한 데서 옵니다. 노동을 통해 돈을 버는 일은 결코 만만한 일이 아니기 때문입니다.

당시 일하는 목회자를 대표하는 직업은 대리운전과 택배였습니다. 운전면허는 대부분 가지고 있으니 급한 대로 쉽게 시작할 수 있는 일이었기 때문입니다. 그러나 고된 몸을 이끌고 이전과 같은 방식으로 목회하기란 여간 힘든 일이 아니었습니다. 게다가 일터에서의 나와 목회 현장에서의 내가 서로 다른 존재처럼 느껴지면서 겪는 마음의 어려움들이 있었습니다. 교회 밖에서는 목회자여서 특별한 취급을 받아야 했고, 교회 안에서는 믿음이 부족하다는 따가운 시선을 견뎌야 했습니다.

온라인이든 오프라인이든, 일단 사람들이 모이는 게 중요합니다. 모이면 해결되는 일들이 많기 때문입니다. 처음엔 좋은 일자리나 직업훈련에 대한 정보를 나누는 홈페이지를 운영하려 했습니다. 일하는 목회자들에 대한 기사가 나오면, 그걸 스크랩해서 업로드했습니다. 무료 직업교육이나 자격증 관련 정보도 나누었습니다. 그러나 정보도 좋지만, 저와 같은 이들이 SNS를 통해 가장 필요로 하는 것은 서로를 향한 진실한 위로와 격려임을 깨달았습니다. 그래서 우리 자신을 위한, 응원하기 위한 커뮤니티를 만들겠다고 결심했습니다.

그런데 이름을 정하는 일이 만만치 않았습니다. 이중직이라는 부정적인 표현을 전면에 내세우고 싶지 않았기 때문입니다. 지인들은 자비량 목회자, 텐트메이커 등 다양한 표현들을 제안했습니다. 오랜 토론 끝에 내린 결론은 어떤 표현도 이 상황을 완벽하게 담아낼 수 없다는 사실이었습니다. 개인별 사안과 상황이 복잡해 모든 것을 포용할 적확한 단어가 없기 때문이었습니다. 그러던 중 한 지인이 이중직 목회자(bi-vocational pastor)를 대신해 'working pastor'를 사용할 것을 제안했습니다. 그렇게 탄생한 표현이 이를 번역한 '일하는 목회자'입니다.

물론 이 표현 역시 완벽하지는 않습니다. 어떤 이들은 생계를 위해 어쩔 수 없이 일합니다. 어떤 이들은 선교적 목적을 가지고 일터를 선택합니다. 이 둘을 다 목표로 하는 이들도 있습니다. 그러나 우리는 여기에 어떤 이상이나 명분, 목적이 아닌 상황 자체를 그대로 담아내고자 했기에, 일하는 목회자라는 표현을 선택했습니다. 현재 1만 9천 명이 가입해 활동 중인 페이스북 그룹 '일하는 목회자들'은 그렇게 탄생했습니다. 지금도 매일 수많은 일하는 목회자들의 애환과 삶이 이곳에 담기고 있습니다.[1]

---

1 2023년 2월, 페이스북 그룹 '일하는 목회자들'은 네이버 카페 '알아두면 든든한 이웃, 일하는 목회자들'로 서비스를 이전하기로 결정했습니다. 페이스북 그룹이 가진 기능적 한계와 더불어 플랫폼의 폐쇄성을 극복하고 좀더 선교적인 목적에 충실한 커뮤니티를 운영하기 위해서입니다. 2023년 7월 현재, 페이스북 그룹은 참여가 불가능한 상태로 열어두었습니다.

7년의
절벽 앞에서

신대원에 진학하고 사역을 시작한 이들은 누구나 전임 사역과 단독 목회를 꿈꿉니다. 그러나 회자되는 통계에 따르면 졸업생의 10%만이 전임 사역자가 되고, 그중 10%만이 담임목회를 하며, 그중 10%만이 먹고 마시는 걱정 없이 목회에 전념할 수 있다고 합니다. 이게 얼마나 근거 있는 이야기인지는 모르겠습니다. 그러나 젊은 목회자들이 마주하는 더 큰 어려움이 있습니다. 저는 이것을 '7년의 절벽'이라고 부릅니다.

부교역자 청빙에는 나이 제한이 있습니다. 요즘은 만 39세로 더 낮아졌다고 하지만, 일반적으로 청빙 제한 연령은 만 44세로 알려져 있습니다. 반면 2000년대 초반 한때 40대로 낮아졌던 담임 목회자 청빙은, 과거보다 꽤 높아져 50대 초반을 선호한다고 합니다. 원로목사 추대가 재정적인 부담으로 이어져 그렇다는 이야기도 있고, 초고령화 사회로 접어들며 연륜 있는 목회자를 찾기 때문이라는 이야기도 있습니다. 이런 이유로 40대 중반 이후에는 더 이상 부교역자로 사역할 교회를 찾기 어렵게 되었습니다. 어쩌다 들어간 교회들은 보통 상황이 열악하기 마련입니다. 이력서에 이력이 끊기는 것도 두렵지만, 현실적으로는 생계에 대한 고민이 제일 큽니다. 이리저리 계산해보면, 담임목회자가 되기를 기다리기 위해 대략 7년 이상을 수입 없이 지내야 합니다. 7년의 절벽은 그렇게 갑자기 우리 앞에 모습을 드러냅니다. 그리고 목회 이력을 이어가지 못하게 된 이들이 선택하는 건 결국 일하는 목회자의 삶입니다.

부교역자 15년차인 K목사가 어느 날 찾아온 것도 비슷한 이유에서였습니다. 신대원 2학년 파트사역부터 시작해 그는 한 번도 목회를 쉬지 않았습니다. 모교회가 대형교회였지만, 사역지로 큰 교회를 고집하지 않았습니다. 40대에 접어들면서도 자신이 계속 교회 안에서 목사로 살아가는 것에 대해 의문을 품어본 적이 없었습니다. 크고 작은 교회에서 성실히 사역해 온 그는 당연히 교회 사역을 계속해 갈 수 있을 것이라고 믿고 있었습니다. 그러나 40대 중반을 앞두고서야 그는 불현듯 자신이 더 이상 부교역자로 일할 수 없을지 모른다는 사실을 깨달았습니다. 자신도 모르게 그는 7년의 절벽을 마주하게 되었습니다.

성실한 목회자임엔 분명했지만, 그는 미처 자신의 미래를 준비하지 못했습니다. 500명 정도 되는 교회에서 전임으로 사역하는 터라 운 좋게 사택이 제공되었지만[2], 180만원 남짓의 적은 급여는 생활비와 아이들 교육비로도 빠듯했습니다. 그렇다고 무슨 자격증을 준비했거나 비즈니스 마인드가 분명한 것도 아니었습니다. 그는 성도들과 학생들에게 정말 좋은 목회자였음에 분명하지만, 경제적인 부분에 있어서만큼은 좋은 아빠이자 남편이기 어려웠습니다.

이럴 때 저는 가장 먼저 주거를 안정적으로 준비하라고 조언합니다. 우선은 현재 있는 곳을 중심으로 공공 임대 주택을 알아볼 것을 권했습니다. 눈높이를 조금 낮추면 적은 고정비로 안정적인 주거가 가능한 곳들이 많습니다. 수도권을 벗어나면 조건은 더욱 좋아집니다. 그리고 일주일에 하루 정도라도 물류 아르바이트를 할 것을 권했습니다. 일이 익숙해지면 전임사역에서 파트사역으로 전환하라는 말도 잊지 않았습니다. 다시 연락이 온 것은 2년 정도 지난 후였습니다. 그는 C사에서 물류 관련 일을 하며 개척을 준비하고 있다고 했습니다. 모든 일에 자신감을 잃은 상태였지만, 최악은 면한 셈입니다.

비자발적으로 시작하게 된 일하는 목회자들은 다양한 이유로 일터에 발을 딛습니다. 앞의 경우처럼 나이 때문에 교계에서 더 이상 일할 수 없기 때문인 경우도 있습니다. 사명감을 갖고 작은 교

---

2 젊은 목회자 가정에 사택이 제공된다는 사실은 더 이상 혜택이 아닙니다. 교회는 유지하던 고정자산을 잠시 제공할 뿐이지만, 목회자들은 이를 이유로 턱없이 낮은 급여를 받아야 하기 때문입니다. 차라리 상식적인 급여를 제공해 이들에게 최소한의 미래를 준비할 기회를 주는 편이 더 낫습니다.

회를 섬기는 이들은 정말 적은 급여를 받기 때문에 가정 경제를 위해 일터를 찾습니다. 가정에 갑작스러운 변고가 발생해 일을 해야 하는 이들도 있습니다. 어쩔 수 없이 일을 선택한 이들은 주로 열악한 환경에서 일하게 됩니다. 준비되지 않았기 때문에 원치 않는 일을 택하기도 합니다. 깊은 고민 없이 자영업의 세계에 뛰어든 이들은 큰 손실을 보고 뒤늦게 후회하기도 합니다. 고용이 불안정하니 목회 활동도 안정적으로 하기 어렵습니다. 이는 개인의 손실일 뿐만 아니라 조국교회 전체의 손실이기도 합니다.

선택이 빠를수록
주도권을 갖게 된다

정경진 목사(길양교회)는 오랜 시간 문화미디어 엔터테인먼트에 종사하는 청년들을 위한 사역을 해왔습니다. 그러나 신대원을 졸업한 그가 선택한 삶은 농사를 짓던 부모님의 뒤를 잇는 일이었습니다. 그는 일주일에 5일 정도 농사일을 하고 주말에는 교회 사역에 집중합니다. 고된 농사일이지만 그 일을 통해 정 목사는 하나님을 깊이 경험합니다. 농부이신 아버지의 마음으로 잃어버린 영혼들을 섬기기 위해 그는 스스로의 힘으로 먹고 살아가는 길을 선택했습니다. 그는 인스타그램과 페이스북을 통해 '정하루'라는 브랜드로 소통하며 농산물을 판매하고 있습니다. '정직한 농부의 하루'라는 뜻의 정하루는 이름처럼 정직하게 가꾼 과일과 채소는 물론 각종 선식, 떡 등의 가공식품을 다룹니다. 고된 농사일에 쉴 틈이 없지만 그는 땀흘려 일하는 시간이 행복하다고 말합니다.

자발적으로 일하는 목회자가 된 이들은 원하는 직업을 찾을 때까지 탐색할 수 있는 기간을 충분히 가질 수 있습니다. 자신의 상황에 맞는 일을 선택하는 일은 무척 중요한데, 그것은 곧 목회의 지속가능성을 담보하기 때문입니다. 자신의 목회 방향과 일의 유형, 시간 등을 디자인하고 선택하기 위해서는 시행착오가 수반됩니다. 자발적으로 일하는 목회자들은 이를 미리 경험하고 준비하기 때문에 그것이 자영업이든 정규직이든 혹은 비정규직이든 목회 활동에 문제가 없습니다. 부교역자를 하면서 일하는 목회자를 일찍 선택하고 준비하는 이들은 파트타임으로 사역하는 게 오히려 부담 없다고 말합니다. 일하는 목회자로 내몰리고 난 뒤는 너무 늦습니다. 선택이 빠를수록 주도권을 갖게 됩니다.

자발적으로 일하는 목회자가 되기를 선택한 이들은 삶도 목회도 안정적일 가능성이 높습니다. 광민셀교회를 담임하는 정은상 목사는 학부시절부터 일하는 목회자로 살아갈 것을 결심했습니다. 그는 일터에서 성도들과 함께 일하며 목회할 때에 비로소 그 삶을

이해하고 진정성 있는 목회를 할 수 있다고 믿었습니다. 목회의
방향도 일찍 잡았습니다. 가정사역에 관심이 있던 그는 관련 세미
나와 독서 등을 통해 꾸준히 공부해왔고, 좋은 멘토를 만나 전문
적인 훈련을 받을 수 있었습니다. 고물상도 운영해보고 청과 화물
차도 운전해보며 그는 일에 대한 경험도 계속 쌓아왔습니다.

그가 살던 성남시에는 지역사회의 사회적 자원이 부족했습니다.
정목사 부부는 어린이 공부방을 운영하며 이웃들과 좋은 관계를
형성할 수 있었습니다. 그는 자신이 운전을 할 때 가장 즐겁다는
사실을 깨달았습니다. 교회를 개척한 이후에 대형 화물차를 구입
한 그는 본격적으로 물류 운송업에 뛰어들었습니다. 새벽 일찍 나
가 이른 오후에 퇴근하니 목회활동을 위한 시간도 넉넉히 확보할
수 있었습니다. 아끼며 모아둔 돈으로 수원시의 3층 주택을 구매
해 1, 2층은 교회가 운영하는 쉐어하우스로 활용하고, 3층은 사택
으로 활용할 수 있었습니다. 함께 사는 청년들의 자립을 위한 재
정강의와 멘토링도 활발히 할 수 있었습니다.

코로나 팬데믹으로 인해 이전처럼 예배당이 폐쇄되지는 않을지
라도 당분간 교회는 빙하기를 겪게 될 가능성이 높습니다. 교단이
각자의 삶을 책임질 수 없다면, 이제는 개인의 자율성이라도 보장
하고 선택을 존중해야 합니다. 모든 직업이 소명이라는 말과 성직

이 거룩하다는 말은 서로 상충되지 않습니다. 교회 헌법이 이런저런 조건을 달지 않고 오히려 함께 지혜를 모아야 합니다. 실무를 위한 구체적인 직업 훈련이 이뤄져야 하고 이를 위한 기구와 전문기관을 설립해야 합니다. 많이 늦었지만, 일부 교단이 긍정적인 움직임을 보이고 있다고 합니다. 참으로 반가운 소식이 아닐 수 없습니다.

다양한 사례를 연구함은 물론, 관련 교육이 신학교에서부터 이뤄져야 합니다. 한국형 일터신학을 연구하고 BAM(Business As Mission)에 대한 적극적인 실천이 시급합니다. 하나님 나라를 위해 삶을 드리는 목회자들이 불필요하게 광야로 내몰리지 않도록, 교회는 오히려 안전하게 이를 준비하도록 도와야 합니다. 나아가 보냄 받은 곳에서 선교하시는 하나님과 마음껏 동역할 수 있도록 선교적 교회론이 체화돼야 함은 물론입니다. 1개의 교회와 목회자가 소중한 이때에, 목회와 선교의 지속가능성을 위해 각 교단들이 좀 더 적극적으로 이에 대응하기를 부탁해봅니다.

간단한 자기 소개 부탁드립니다.

안녕하세요? 아내와 네 자녀와 행복하게 살고 있는 광민셀교회
정은상 목사입니다. 저는 백석신학대학원에서 목회학을 전공했
고 독립교회 연합회에서 목사 안수를 받았습니다. 대학원 시절
부터 가정사역과 소그룹 사역을 중심으로 한 교회를 개척하고자
마음을 먹었는데요. 그 결과 2012년 1월 1일 가족을 중심으로 광
민셀교회를 시작하게 되었습니다. 현재는 개척 11년차로 수원에
서 다양한 가정사역 훈련을 진행하며 청년 개인 및 가정들의 자
립과 독립을 지지하며 돕는 사역을 펼치고 있습니다. 하고 있는
일을 소개하자면, 정말 다양한 일을 거쳐 지금은 9년차 3.5톤 화
물차를 몰고 있습니다.

어떻게 지금의 일을 하시게 되었나요?

신대원 시절부터 일하는 목회자로 살아가는 삶을 꿈꾸었습니다.
처음에는 학원에서 중학생 사회를 가르치며 학생부 사역을 병행
했습니다. 대학원 졸업과 목사 안수 이후 본격적으로 일을 하기
시작 했는데요, 파트 사역을 하면서 사회과목 강사를 하다가 서
울우유 대리점 총무로 3년간 1톤 트럭을 몰았습니다. 이 일을 기

반으로 가정경제 그리고 가정사역 중심의 교회를 개척하게 되었습니다.

일을 하다 보니 목회를 위해 시간을 자유롭게 쓰고 싶다는 생각이 들더라구요. 직원이 아닌 자영업자가 되기 위해서 과일 장사도 해보고 고물상 일도 해보고 보험영업교육도 받아보았습니다. 마침 아내가 영어강사로 일하고 있었기에 아내와 함께 교회 공간에서 공부방을 시작했습니다. 그런데 막상 경험해보니 자영업이 생각보다 많은 시간을 요구하더라구요. 무엇보다 공부방이 잘 될수록 우리 아이들에게 신경을 덜 쓰게 되니, 가정사역자로서 할 일은 아니라는 생각이 들었습니다.

잘되던 공부방을 접고 다시 일자리를 알아보다가 화물차 보조기사로 취업하게 되었습니다. 새벽에 시작해서 오후 일찍 끝나는 일이고, 이를 통해 가정도 책임질 수 있다는 점이 매력으로 다가왔습니다. 보조기사로 일하며 화물차 지입 일을 경험하고 지켜보니 괜찮다고 생각했습니다. 그래서 차량비용과 영업용 넘버값 7000만원을 투자해 일을 시작하여 지금까지 화물차 일을 하고 있습니다.

지금 하고 계신 일에 만족하시나요?

지금은 지입 화물차가 아닌 콜바리[3]로 화물일을 하고 있는데, 매우 만족합니다. 시간 활용이 자유로운 편이고, 수입도 충분하기 때문입니다.

---

3 콜바리는 콜 앱을 활용하는 개인 화물차주를 가리킵니다.

목회자에게 일은 어떤 의미가 될 수 있을까요?

목회자로서 제게 일은 삶을 살아내는 방식입니다. 일을 통해서 가정경제도 유지가 되고 목적한 목회도 점진적으로 발전시킬 수 있기 때문입니다. 또 일터에서 만나는 사람들과의 관계를 통해서 사회 생태에 더욱 관심이 생겼고, 사회변화에 적극적으로 참여하게 되었습니다.

지금 하고 계신 일을 준비하려는 분들에게 상세한 가이드 부탁드립니다.

영업용 화물차 일을 하시려면 먼저 화물차 배송부터 해보길 권합니다. 직원으로 먼저 다양한 일을 경험해 보시면, 이 일에 맞는 운전도 익힐 수 있고, 노동 강도가 자신에게 맞는지 알 수 있기 때문입니다. 생각보다 많은 분들이 일이 힘들어 그만 두십니다. 또 이쪽에도 일하는 방식이 워낙 다양합니다. 많은 일을 경험하면서 안목을 기르는 것도 좋겠습니다. 제 경우에는 우유배송 및 납품처 관리, 도서배송 및 납품처 관리/수금업무, 고물수거 운전직 등을 경험하고 나서야 영업용 지입화물차 8년을 경험하게 되었습니다.

가장 중요한 부분인데요, 어느 정도 화물관련 업무를 익히셨다면 지입회사를 끼고 무턱대고 화물차 분양부터 받지 마시고, 아래와 같은 사항들을 꼼꼼히 체크하시길 바랍니다.

1. 개인영업용 넘버 vs 회사 넘버

개인용 넘버는 처음 목돈이 들지만 나중에 다시 매매할 수 있습니다. 없어지는 돈은 아니라는 뜻입니다. 다만 시세에 따라 넘버값이 오르기도 내리기도 합니다. 회사 넘버는 초기 투자금이 적게 들지만 다달이 내야 하는 임대비용이 발생하고, 넘버도 회사 소유이므로 자신의 재산이 되지는 않습니다. 나중에 지입회사를 나오게 되면 영업용 넘버를 다시 달아야 하는 비용이 발생하겠죠?

2. 차량 선택

화물용 차량은 보통 1톤, 2.5톤, 3.5톤, 5톤 이상 차량이 있으며 종류로는 카고, 윙바디, 탑차, 냉장/냉동차량 등으로 분류합니다. 지입회사마다 용도가 다르기 때문에 차량이 달라지는데, 만일 일을 그만두고도 해당 차량을 가지고 나와서 일할 수 있는지도 생각해보아야 합니다. 차 값이 워낙 비싸기 때문에 나중에 처분하기 쉬운 차종을 선택하는 것도 좋습니다. 제 경우에는 영업용 넘버도 개별화물로 구입하고, 차량은 3.5톤 윙바디 차량으로 지입 일을 시작했기때문에 지입을 그만두고도 이 차량과 영업용 넘버로 다른 지입과 콜바리를 계속할 수 있었습니다.

3. 업무 적합성

면허만 있으면 시작할 수 있다 보니 진입장벽은 낮습니다. 그러나 하는 일에 따라 노동 강도가 크게 달라지고, 일하는 시간 역시 업무에 따라 천차만별입니다. 일이 다양하기 때문에 많은 분들을 만나 조언을 얻으시면 실패할 확률이 줄어드리라 생각됩니다.

2장

일하는 목회자의
직업선택 가이드

목회자들의 안정이 그나마 보장되던 종교 생태계의 울타리가 무너지고 있습니다. 이들은 이제 교회 밖 경제 생태계로 빠르게 편입되는 중입니다. 코로나 팬데믹도 이에 한몫했습니다. 담보는 사랑하는 가족과 교회의 생존입니다. 다시 말하지만, 선택이 빠를수록 주도권을 갖게 됩니다. 하루라도 빨리 새로운 일을 선택하고 준비하면 상황을 주도할 가능성도 높아집니다. 이 사실을 깨달았다면, 지금 바로 내일을 준비해야 합니다. 단지 생계만의 문제가 아닙니다. 우리가 사명으로 여기는 목회를 지속하기 위해, 우리는 낯선 환경과 새로운 라이프스타일에 적응해야만 합니다. 그러나 속도가 전부는 아닙니다. 방향과 방법 역시 중요합니다.

불과 10여 년 전만 해도 일과 목회를 병행하려는 이들에게는 선택지가 많지 않았습니다. 당시 언론에 등장하는 일하는 목회자들은 크게 두 가지 스테레오 타입으로 묘사되었습니다. 먼저는 저임금

고강도의 노동현장으로 내몰리는 모습입니다. 대리운전이나 택배가 대표적인 직종입니다. 상가교회가 어려워져 월세와 생활고에 시달리던 목회자들이 일터로 밀려나는 모습은 마치 무너져가는 한국교회를 상징하는 듯했습니다. 기독언론은 은연중 '제일 힘든' 목회자들을 찾곤 했습니다.

다른 하나는 대안적인 목회의 하나로 제3의 공간을 운영하는 모습입니다. 비신자들도 편히 오가는 카페나 작은도서관이 이를 대표합니다. 2010년 전후로 이른바 1세대 선교적 교회의 개척자들이 등장했습니다. 이들은 공간을 세속이라는 타문화권의 접촉점으로 인식하고, 목회자 자신이 직접 카페주인이나 도서관장이 되는 방식을 택했습니다. 의미 있는 시도들이 소개되었지만, 아쉬움도 컸습니다. 자본이나 경험이 부족한 목회자들이 카페나 도서관 운영을 통해 수익을 내고 재정문제를 해결하기란 요원한 일이었기 때문입니다. 하나라도 의미있는 사례를 필요로 했던 시기였기 때문에, 이들의 어두운 현실은 화려한 기사 이면에 가려져 있었습니다.

오늘날 목회자들이 일하는 모습은 훨씬 다양해졌습니다. 제가 운영하던 페이스북 그룹 '일하는 목회자들'의 회원은 1만 9천 명에 달합니다. 매일 일하는 목회자들의 삶과 사연, 각종 정보는 물론 서로의 필요가 올라오곤 했습니다. 게시글을 몇 페이지만 넘겨보아도 인테리어 목수, 조공, 영어강사, 택시운전, 간판제작, 커피도매, 전문청소업, 에어컨 청소 등의 영역에서 활발하게 활동 중인 목회자들의 이야기를 만날 수 있었습니다. 이제 목회자들이 일하는 데에 있어 업종과 영역의 제한은 없어진 듯합니다. 그렇다면 이렇게 많은 업종 중 우리는 무엇을 또 하나의 직업으로 택해야 할까요?

일반적으로 고용 형태를 기준으로 직업을 분류하면 크게 자영업, 정규직, 비정규직으로 나눌 수 있습니다. 여기서 비정규직은 다시 기간제, 간접고용, 특수고용으로 나뉩니다. 또 기간제는 계약직, 임시직, 일용직으로, 간접고용은 용역직, 파견직으로 나뉩니다. 특수고용은 사실상 노동자에 가까우나 사업자 대 사업자로 계약을 맺고 일하는 형태를 가리킵니다. 이러한 복잡한 분류를 나열하는 이유는 이것이 목회와 일을 병행하려는 이들에게 매우 중요한 기준이 될 수 있기 때문입니다. 일하는 목회자들이 직업을 선택할 때 수입만큼이나 중요하게 생각하는 것 중 하나는 자신의 목회활동이 얼마나 보장되는가입니다. 각자의 상황이 다양하기 때문에 어느 것이 가장 좋다고 말할 수 없으며, 이를 잘 이해해야 내게 맞는 방식으로 일과 목회를 병행할 수 있습니다.

목회자의
자영업

먼저 자영업의 경우를 생각해봅시다. 신학생들에게 일하는 목회자나 선교적 교회에 대해 강의해보면, 이들은 대체로 교회개척과 창업을 연결하려 합니다. 자영업의 형태로 공간을 운영하고 수익을 얻으면서 일터와 목회현장을 하나로 가져가기 위해서입니다. 자신만의 공간을 운영함으로써 공간에 선교적 의미를 부여하거나, 이를 실제로 선교적 공간으로 활용해 예배당이라는 건축물 너머로 목회를 확장할 수 있다는 건 큰 장점입니다. 과거 카페나 도서관으로 한정되었던 선교적 교회의 공간과 유형은 선교적 상상력을 바탕으로 독립서점, 공유공간, 식당, 과일가게, 협동조합, 학원, 갤러리, 농장, 키즈카페, 공연장, 대안학교 등으로 훨씬 다양해졌고, 덕분에 의미 있는 결과들이 축적되고 있습니다.

그러나 모든 자영업이 그렇듯 목회자의 자영업 역시 변수가 많고, 수익구조를 잘 짜놓았더라도 절대 계획대로 일이 진행되지는 않습니다. 특히 공간을 하나 갖는다는 것은 거기에 인테리어와 설비 등에 몫돈을 투자하고, 향후 임대료를 지속적으로 책임진다는 것을 전제로 합니다. 그리고 그 책임은 무척이나 무겁습니다. 창업 당시 예상매출에 대해서는 나름 철저하게 계산하지만, 보통은 자신의 인건비나 유지관리비용, 돌발 상황에 대한 예비비를 책정하지 않아 애초에 수익이 날 수 없는 구조로 출발하는 일이 빈번합니다. 특히 시장조사와 상권분석 등을 소홀히 해 기대수익이 희망에 그치는 일도 허다합니다.

목회자들이 자영업을 선호하는 또 하나의 이유는 시간을 자유롭게 사용할 수 있어 목회활동에 제약이 적을 것이라고 믿기 때문입니다. 그러나 영업장을 직접 운영해보면, 내가 사장인데도 의외로 내 마음대로 시간을 쓸 수 없다는 사실을 새롭게 깨닫게 됩니다. 특히 자영업이라는 건 투자하는 시간과 성과가 비례하기 마련입니다. 직원과 함께 일해도 그 사실은 변함없습니다. 예를 들어 청소업을 하는 경우, 하루에 한 군데 일하는 것과 두 군데 일하는 것의 차이는 큽니다. 그런데 한 군데만 일하고 목회활동을 하겠다고 하면, 수익이 기대에 미치지 못해 생업의 지속가능성이 떨어지기 마련입니다. 특히 공간을 가지고 있는 경우는 더욱 그렇습니다. 누군가는 공간을 지키며 직접 운영해야 하고, 보통 그것은 운영자인 목회자 자신의 몫입니다. 자주 문을 닫는 식당이나 카페가 환영받을 수 있을까요? 더구나 목회활동을 이유로 주인이 수시로 자리를 비우는 공간이 제대로 운영될 리 만무합니다.

무엇보다 자영업의 경우 목회자 자신이 해당 업무에 충분히 숙련

되고 준비되어야 합니다. 가끔 카페를 운영하겠다는 목회자들이 커피를 한두 달 배우는 사이에 매장부터 얻고 인테리어를 서둘러 진행하는 모습을 보곤 합니다. 이것은 커피의 경쟁력을 기대할 수 없다는 점은 물론, 매장을 운영하는 디테일한 노하우 없이 운영에 뛰어드는 일입니다. 이 경우, 불안요소가 너무 많습니다. 직원이나 매니저로 다만 몇 계절이라도 경험하고 난 뒤에 창업하는 편이 훨씬 수월합니다. 청소업 등도 단순히 노하우를 전수받고 바로 창업에 뛰어들기보다는, 다른 업체와 협력해서 실무를 배울 것을 권합니다. 성과와 상관없이 뭘 해도 박수를 쳐주고, 목사나 전도사라는 이유로 특별한 대접을 받는 건 교회 안에서나 가능한 일이니 말입니다.

마지막으로 자영업은 많은 자본을 필요로 합니다. 창업과정에서 공간을 임대하고 내부를 단장하는 일부터 목돈이 필요합니다. 그런데 생각보다 많은 개척자들이 서둘러 창업을 준비하느라 초반에 무리하게 대출을 안게 됩니다. 이는 사업 내내 부담스러운 금융비용으로 남기에 신중을 기해야 합니다. 또 창업 초기에는 정기후원자도 모으고 초기 자금을 위한 펀드레이징도 열심히 합니다. 그러나 이것이 지속되기 위해서는 꽤 많은 에너지를 쏟아야 하는데, 일하며 목회하는 분주한 삶은 그만한 여유를 허락하지 않습니다. 자영업은 결국 고정비와의 싸움입니다. 규모에 맞는 창업과 운영을 위해 반드시 꼼꼼하게 따져보고 가급적 목회자가 아닌 선배 창업자들에게 상세한 자문을 구해볼 것을 권합니다.

간단한 자기 소개 부탁드립니다.

안녕하세요, 2007년부터 카페 운영과 로스팅, 생두 수입을 업으로 하는 커피쟁이 도재욱입니다. 커피협회 상임이사로 있으면서 최근 단국대학교 식품영양학과 겸임교수로 임용되어 커피와 관련된 과목을 가르치게 되었습니다.

목회자들과 인연이 많으시죠? 어떤 역할을 해오셨나요?

커피 관련된 일을 하다 보니 취미로든 일로든 커피에 관심이 있는 목사님들을 많이 만나게 되었습니다. 제 경험에 비춰보면 목사님들은 크게 두 가지 관점으로 커피에 접근하십니다. 하나는 커피 자체를 좋아할 뿐만 아니라 당장 혹은 언젠가는 커피를 비즈니스나 사역의 수단으로 삼으려는, 그래서 커피를 전문적인 수준까지 배우고 싶어 하는 분들입니다. 다른 한 부류는 다들 커피를 즐기고 배우니 나도 한 번 배워보자 하는 분들입니다. 전자와 달리 후자는 목적이 불분명하고 막연하지만, 덕분에 위험하진 않습니다. 반면 전자에 해당하는 분들은 언젠가는 카페를 차리려는 분들입니다. 제가 해온 역할은 카페 창업을 최대한 말리는 일부터 커피를 내리는 일 외에 배워야 하는 많은 노하우를 함께 교육하는 일입니다.

카페를 운영하려는 목사님들이 반드시 고려해야 할 사항으로는 어떤 것들이 있을까요?

우리는 커피 비즈니스를 사역의 하나로만 보기 쉽습니다. 그러나 현실은 세상의 많고 많은 카페 중 하나, 커피 회사 중 하나일 뿐입니다. 요즘엔 카페 운영을 만만하게 보는 분은 없습니다. 그래서 커피에 대한 깊은 공부나 트렌디한 예쁜 인테리어를 생각하는 분들은 많아졌습니다. 그러나 카페를 운영하기 위해서는 맛있는 커피를 만드는 것 외에도 고려할 사항이 많습니다.

첫째, 좋은 위치를 선정하는 일은 모든 비즈니스의 기본입니다. 사람들이 많이 다니는 상권, 주거 지역, 사무실이 많은 곳 등 상권이 가진 특징을 파악하는 것이 중요합니다. 일반적으로는 좋은 입지일수록 임대료가 높습니다. 그러나 월세가 높다고 무조건 좋은 상권인 것도 아니고, 월세가 낮다고 무조건 실패할 확률이 낮은 것도 아닙니다. 만약 목사님들께서 카페를 운영하며 커피를 매개로 사람들과 만나길 원하신다면, 밀집 지역보다는 이면도로에 위치한 카페를 추천합니다. 카페 운영은 정말 하루 종일 바쁘기 때문입니다. 대화할 시간 같은 건 없다고 보시면 됩니다. 다만 조금 유동인구가 적은 곳이라면, 그만큼 고정비에 대한 부담도 적고 손님들과 잠시라도 대화를 나눌 여유가 있으니 사역에는 더욱 적합하다고 할 수 있습니다.

둘째, 타겟 고객을 명확히 잡으셔야 합니다. 같은 장소라고 해도 누구를 타겟으로 하는가에 따라 인테리어와 집기 구성, 머신의 종류, 메뉴 등이 달라집니다. 대학생, 직장인, 특정 연령과 성별의 지역주민 등을 타겟으로 하여 이들을 위한 메뉴와 서비스를 기획해야 합니다. 내 커피가 맛있다는 건 내 연령과 내 취향을 바탕으로 내리는 평가입니다. 지방자치단체나 카드사가 제공하는 무료 상권분석서비스를 활용한다면 데이터를 기반으로 하는 정확한 분석과 이에 따른 타게팅이 가능합니다.

셋째, 우리 매장만의 콘셉트와 독특한 메뉴구성이 필요합니다. 입지가 좋고 타깃이 분명해도 경쟁에서 살아남기 위해서는 우리 매장 만의 독특한 콘셉트와 메뉴 없이는 생존할 수 없습니다. 특히 요즘 고객들은 새로운 경험을 찾는 경향이 있습니다. 사진이 잘 나오는 카페, 시그니처 메뉴가 맛있는 카페는 이제 필수입니다.

넷째, 재무 계획을 잘 세워야 합니다. 작은 카페를 운영하기 위해서도 금전적인 부분에 대한 고민이 많습니다. 초기 투자비용, 운영비용, 예상 수익 등에 대한 세부적인 계획은 필수이며, 운영하는 동안에도 이에 대한 점검과 조정이 수시로 필요합니다. 그러나 목사님들은 종종 이 모든 과정을 생략하거나 너무 가볍게 생각하는 경향이 있습니다. 투자비를 회수하는 것만이 목표가 되어서는 안 됩니다. 매장을 안정적으로 운영하면서 금융비용은 물론, 자신의 인건비를 책정하여 받아가기 위해서는 얼마짜리 커피를 얼마에, 얼마나 팔아야 하는지에 대한 구체적인 목표를 세우고 이를 달성하기 위해 노력해야 합니다. 원가에 대한 계산조차 제대로 하지 못하고 무작정 시작하시는 분들이 많습니다.

마지막으로 법적인 부분도 미리 확인해두셔야 합니다. 식품위생법, 사업자등록, 임대차 계약 등 관련 법규에 대해 알아보고 이를 준수하면서 운영해야 합니다.

카페 창업을 꿈꾸는 목회자들에게 조언해주신다면?

새로운 사역과 비즈니스에 도전하는 목사님들을 사랑하고 존경하며 응원합니다. 다만 이 일에 20년 가까이 종사하며 제가 배운 건 무엇이든 비전과 목표가 분명해야 한다는 점입니다. 더 많이 고민하시고 잘 준비해서 시작하셨으면 좋겠습니다. 또 아무리 많이 배우고 잘 알고 계신다 해도 다른 매장에서 직원으로 일해 보시는 경험을 넘어설 순 없습니다. 차근차근 경험을 쌓으며 단계를 밟아 창업하시면 좋겠습니다. 또 카페 비즈니스는 정말 어렵습니다. 저도 전문가로 불리고 누군가를 가르치는 일을 오래 해오고 있지만, 제가 카페를 운영한다고 다 잘 되는 것도 아닙니다. 아무쪼록 커피를 통해 누군가를 행복하게 하실 수 있기를, 동시에 교회와 가정이 그로 인해 평안하시길 기도합니다.

목회자의
비정규직

큰 부담을 안고 시작하는 자영업과 달리 비정규직 특히 고용이 유연한 일용직이나 계약직, 임시직 등은 가볍게 시작할 수 있다는 장점이 있습니다. 비대면 시대를 맞아 활기를 띄게 된 쿠팡 플렉스나 배민 라이더 등은 특별한 기술이 없어도 즉시 시작할 수 있습니다. 근무시간도 유연하기 때문에 원하는 때에 필요한 만큼 일하면서 최소한의 생계를 유지할 수 있습니다. 특히 급여가 넉넉하지 않은 작은 교회 목회자들은 점심 혹은 저녁 시간을 이용해 배달 아르바이트 등을 통해 부가적인 수익을 얻고 있습니다. 건설현장 일용직이나 인테리어 관련 기술직도 많은 관심을 얻습니다. 건설현장은 어디에나 있고, 단순노무직은 특별한 기술 없이도 일당 14~15만 원 정도를 받을 수 있는 몇 안 되는 직종 중 하나이기 때문입니다. 인테리어 관련된 목공이나 조공, 타일공 등은 기술이 일정 수준에 이르게 되면 꽤 많은 보수를 받을 수 있기에 도전하는 이들이 많습니다.

특수고용직은 계약 관계가 사업자 대 사업자로 이루어지는 업종들을 가리킵니다. 보험설계사, 학습지 방문강사, 택배기사, 신용카드 회원모집인, 방문판매원, 대여제품 방문점검원, 가전제품 배송·설치기사, 방과후학교 강사(초·중등학교), 건설기계조종사, 화물차주 등이 목회자들이 활발하게 활동 중인 영역입니다. 이중 영업직에 해당하는 보험설계사, 신용카드 회원모집인, 방문판매원, 정수기로 대표되는 대여제품 방문점검원 등은 쉽게 시작할 수 있고, 시간사용이 비교적 자유롭다는 특징이 있습니다. 또 최소한의 수입이 기본급을 통해 보장되면서 이후 개인의 역량에 따라 수입이 크게 달라질 수 있는 직종이기도 합니다. 그럼에도 꾸준히 그리고 지속적으로 일하는 이들이 생각보다 많지 않은 편입니다. 진입장벽이 낮다는 뜻입니다. 또 최근 특수고용직도 고용보험이 적용되어 실업급여 등을 받을 수 있게 되었습니다.

택배기사나 화물차주인 목회자들은 상당히 많은 편입니다. 아무래도 필요한 기술이 차량운전이기 때문에 특별한 기술이 없는 목회자들도 어렵지 않게 시작할 수 있어 더욱 그렇습니다. 이 업종들은 수입이 꽤 많은 편이지만 비교적 노동 강도가 높은 편입니다. 특히 일을 시작할 때 차량을 구입해야 하는 경우가 많은데, 조건을 꼼꼼하게 따져보지 않고 서둘러 시작했다가 뒤늦게 후회하는 분들이 많습니다. 일을 시작하면 적어도 5년 이상은 많은 고정비를 지출해야 하므로, 기대보다 실수입이 적을 수 있습니다. 어디까지나 신중하게 그리고 천천히 살펴볼 것을 권합니다.

방과후학교 강사도 도전해볼 만한 영역입니다. 약간의 비용으로 민간자격증 취득 과정을 거치면 곧바로 학교 등으로 출강할 기회가 생기게 되며, 성실하게 일하는 경우 지속적으로 일을 확장할 기회를 가질 수 있습니다. 이 분야는 트렌드를 많이 타기 때문에 계속 연구하며 강의 자료와 스킬을 업그레이드해야 합니다. 때에 따라서는 전문분야 자체를 바꾸는 일도 생깁니다. 고수익은 아니지만 다른 업종에 비해 낮은 노동강도로 필요한 수입을 얻을 수 있다는 장점이 있습니다. 또 관계를 넓혀나가면서 아예 방과후학교 교사들을 관리하고 학교로 연결하는 중계업으로 확장하기도 합니다.

비정규직은 비교적 쉽게 시작할 수 있고 탄력적으로 일할 수 있기 때문에 자영업에 비해 목회와 병행하기에 용이합니다. 경우에 따라서는 부교역자로 사역하면서 이를 미리 경험해 볼 수 있습니다. 처음에 많은 비용을 필요로 하는 일부 업종을 제외하면 적성에 맞는 일을 찾을 때까지 다양한 일을 시도해 볼 수 있습니다. 자신의 목회활동과 맞는 일을 찾기 위해서는, 처음부터 자영업을 서둘러 준비하기 보다는 상대적으로 위험부담이 적은 비정규직으로 다양한 경험을 쌓아볼 것을 권합니다. 다만 스스로 일터신학에 대한 연구가 얼마나 되어 있는가에 따라 선교적 삶에 대한 의미를 자영업에서만큼 찾아내기란 쉽지 않습니다. 실제로 비목회자와 크게 다르지 않는 삶을 살고 있는 자신을 발견하고 자신의 정체성에 대해 고민하는 이들이 자영업에 비해 월등히 많습니다.

간단한 자기 소개 부탁드립니다.

안녕하세요, 주중에는 쿠팡 야간 퀵플렉서로, 주말에는 하저교회
청년부 담당 목사로 활동 중인 성결교단 소속 김진성 목사입니다.

어떤 계기로 지금의 일을 하게 되셨나요?

2021년 말, 건강상의 이유로 사역하던 교회에서 사임하고 허리
수술을 진행했습니다. 재활을 하면서 걷는 것이 좋다는 의사의
처방도 있었지만, 무엇보다 경제적 부담을 아내에게만 떠넘기고
싶지 않아 쿠팡 카플렉스(파트타임 자차 배송)를 시작해 지금에
이르게 되었습니다.

지금 하고 계신 일에 만족하시나요?

만족합니다. 현재 저는 주5일 근무(주말 휴무 월 2회)하고 있고,
2달에 한 번 4일의 휴가가 있습니다. 평소 저녁 11시에 입차하여
오전 6시 전에는 일을 마치는데[4], 한 달 매출은 약 600만원으로
고정 지출과 부가세를 제외하면 순수입은 500만원 정도입니다.
또 같은 구역을 반복 배송하다보면 요령이 생겨서, 오후 2~3시부

---

[4] 일반적으로는 저녁 9시 전에 입차하여 오전 7시 전까지 일합니다.

터는 아이들 등하원이나 청년 대상 심방 및 사역, 수요예배 설교 등도 가능합니다. 익숙해지면 일과 사역, 두 가지를 병행하는 데에 무리가 없습니다.

이 일을 준비하고 계신 분들을 위해 몇 가지 조언 부탁드립니다.

꾸준히 열심히 하시면서 평균 이상의 수행력을 보인다면 누구든 필요한 성과를 낼 수 있는 분야입니다. 다만 구조적으로 몇 가지는 꼼꼼히 살펴야 합니다.

첫 번째로 고려해야 할 것은 회사와 캠프의 선택입니다. 일을 하면서 업계에서 규모가 큰 회사들의 특징을 접하게 되는데, 피해야 할 부류의 회사가 몇 가지 있습니다.

1. 유튜브 등을 통해 끊임없이 컨텐츠를 제공하여 회사 이미지는 좋지만, 지원자가 많아서 좋지 않은 구역까지도 보유한 회사들이 있습니다. 이런 회사들은 배송 난이도가 높아 이로 인해 근무 연속성에 한계가 있을 수 있습니다. 좋은 자리를 로테이션으로 받을 수 있다고 하지만, 이는 좋은 구역에 배정된 기사의 동의가 필요하며, 동의하더라도 이는 몇 달 또는 1년 단위로 벌어지는 일이므로 이 점을 알고 계셔야 합니다.
2. 차를 판매하거나 차를 임대하려는 회사, 구역별 배송 단가를 터무니없이 적게 주는 회사는 피해야 합니다. 계약서 작성 시 세부사항을 면밀히 살펴보고 계약해야 합니다.

두 번째로 고려해야 할 것은 구역입니다. 물량은 적지만 구역이 넓거나, 물량이 많지만 구역이 좁은 경우가 있습니다. 처음 시작하는 분들이 쉬운 구역이라고 소개받아 계약했지만, 실제로는 구조상 하루에 150~200건밖에 배송하지 못하는 곳이 있습니다. 이런 경우, 업무 피로도는 250~300건을 배송하는 구역과 같지만 수익은 적어 매우 불리한 상황이 됩니다. 반면에 구역은 좁지만 물량이 많은 구역도 있습니다. 이런 경우 하루에 300건 이상을 감당해야 한다는 말에 겁을 먹은 초보자들은 해당 구역을 아예 고려하지 않습니다만, 실제로는 초보일지라도 1~2주면 300건을 배송할 수 있는 구역도 많습니다. 따라서 구역에 대한 평가나 분석 역시 캠프와 회사를 선택하는 과정에서 어느 정도 판단할 수 있어야 합니다.

세 번째로 고려해야 할 것은 차량입니다. 저는 쿠팡에서 보유차량을 대량 매도할 때 일괄 책정된 금액으로 구입했습니다. 특정 주차장에 최소 몇 주 이상 방치되어 있던 차량 중에서 시동도 걸어보지 않고 구매 결정을 내려야 하는 시스템이었지만, 정비사를 대동하여 차량의 시동을 걸고 차량 상태를 확인하여 구매했습니다. 만약 쿠팡의 차량 대량매도 계획이 없다면, 중고차 매매업장에서 너무 저렴한 차보다는 일반적인 시세에 좋은 상태의 차량을 구입하시는 것을 추천합니다.

구역 단가 및 배송 개수의 문제도 있습니다. 구역의 단가는 900원 이하면 낮은 편에 속하고, 1,000원 이상이면 단가가 좋은 편에 속합니다. 물론 난이도가 높아서 단가가 매우 높은 곳도 있지만, 그만큼 초보자로서는 감당하기 어려운 곳입니다. 배송 개수는 보통 퀵플렉서 분들이 600만원 매출을 평균으로 보는데, 이는 단가 950원 기준으로 하루 약 285개를 22일 정도 배송했을 때의 매출입니다. 배송일수나 하루 배송량을 조정해서 본인 체력에 맞게 구역을 선택하시면 되겠습니다. 참고로 주 5일이 가능한 곳이 22일 근무이니, 그 이하로 근무일수를 줄이긴 어렵습니다.

마지막으로 배송지 구분입니다. 이는 크게 지번, 아파트, 오피스텔로 분류됩니다. 지번은 초반에 익숙하지 않은 분들도 열심히 뛰면 많은 물량을 소화할 수 있지만, 무릎 등 몸에 과부하를 주기 때문에 지번으로만 이루어진 곳은 장기적으로 좋지 않습니다. 아파트가 가장 좋다고 말할 수도 있지만, 아파트 한 동에 라인이 여러 개 있거나, 아파트 엘리베이터에서 집 문이 먼 경우는 아파트여도 속도를 내는 데 한계가 있습니다. 그럼에도 아파트는 계단을 올라가는 일이 없기 때문에 적응만 되면 몸에 큰 무리 없이 일을 감당할 수 있습니다. 오피스텔은 한 건물에서 다량의 배송을 한다는 면에서 장점이 있지만, 엘리베이터에서 집 앞까지 뛰어다니며 배송해야 하는 경우가 많습니다. 지번보다는 좋지만 아파트보다는 좋지 않다고 볼 수도 있습니다. 하지만 어디까지나 오피스텔의 구조에 따라 다르기 때문에, 카플렉스를 하시면서 파악하시는 것이 큰 도움이 됩니다. 개인적으로나 지인 기사들의 의견은 70~80%의 아파트와 20~30% 지번 조합이 가장 좋다는 것입니다.

목회자에게 일은 어떤 의미가 될 수 있을까요?

저는 이 일을 함으로써 가장의 역할을 감당할 수 있게 되었습니다. 또한, 일터에서 일원으로서 노동자들의 현실을 함께하고 있습니다. 앞으로 제가 그리는 로드맵을 완성해 나가는 데 밑거름이 되기 때문에 현재의 일을 지속하려고 생각 중입니다.

목회자의
정규직

최근 일반 정규직 직장에서 일하며 목회활동을 함께 하는 목회자들이 늘고 있습니다. 오전 9시부터 오후 6시까지 일하면서 틈나는 대로 목회활동에 참여하는 일은 언뜻 주객이 전도된 것처럼 보일 수 있습니다. 그런데 이런 형태로 일해본 분들은 오히려 정규직이 목회활동에 용이하다고 말하며 몇 가지 장점을 꼽습니다. 그 중 첫째는 안정적이고 규칙적인 생활입니다. 자영업은 생각보다 많은 에너지를 필요로 하고, 경우에 따라서는 정말 이른 아침부터 하루 종일 일해야 하는 경우가 많습니다. 또 비정규직은 탄력적으로 근무하는 경우가 많기 때문에 좀처럼 리듬감을 찾기 힘든 경우도 있습니다. 그러나 정해진 시간에 출근해서 비교적 일정한 노동강도로 일하는 정규직 직장의 경우, 세 가지 고용형태 중 저녁이 있는 삶을 누릴 가능성이 가장 높습니다. 이것은 우리 목회의 토대가 되는 경건생활과 말씀연구 역시 규칙적으로 할 수 있음을 의미합니다.

실제로 일하는 목회자로 오랜 시간 살아온 이들 중에도 일과 목회를 병행하는 삶을 마냥 긍정적으로만 보지 않는 분들이 의외로 많습니다. 다른 이들의 영혼을 품고 보듬기 위해서는 자신에게도 그만큼의 넉넉함이 있어야 하는데, 하루에 10시간에서 12시간 이상을 노동으로 소진하고 나면 우리의 몸과 마음에 안식을 줄 여유조차 사치로 느껴지기 때문입니다. 우리가 안식을 경험하지 못한 채 누군가에게 안식을 전하고 이야기하는 것은 사상누각이 되기 쉽습니다. 물론 일하는 목회자로 살아가는 것의 장점으로 비목회자들의 일상을 공감하고 그들과 같은 자리에서 살아갈 수 있는 것을 꼽습니다. 당연히 맞는 말이지만, 세속에서 일하는 만큼 목회자로서의 일상을 덜어내야 한다는 것은 잊기 쉽습니다. 선배 일하는 목회자들의 경험을 존중하고 귀를 기울여 충분히 완급을 조절할 필요가 있습니다.

둘째로 정규직은 일터에서 만나는 이들이 일정한 편이기 때문에 이들을 대상으로 꾸준히 복음을 전할 수 있다는 점도 장점으로 꼽힙니다. 반복되는 이야기이지만, 일하는 목회자들은 비록 생계를 위해 일을 선택했다 할지라도 스스로를 일터 선교사로 인식할 때에 더 즐겁게 일하고 목회활동에 집중할 수 있습니다. 이 정체성을 찾는 일이 일하는 목회자들에게는 반드시 필요한 과정이며, 이를 위해 애초에 스스로를 납득시킬 수 있는 일터 환경을 만드는 것이 중요합니다. 실제로 일하는 목회자들 중에는 정규직 직장 안에서 신우회를 조직하거나, 조직화된 신우회는 아닐지라도 신앙 그룹을 자연스럽게 형성하고 이들을 섬기는 사례가 많습니다. 경영자가 신자인 경우 사원으로 일하던 목회자가 사목이 되는 경우도 있습니다. 최근 만났던 한 CEO 그룹에서는 일하는 목회자들을 채용해 일정한 급여를 제공하고 사목에 준하는 역할을 맡기자는 제안에 대해 적극적으로 공감을 표하기도 했습니다.

일과 목회를 병행하려는 이들은 공무원과 이에 준하는 공무직에 관심을 가져봐도 좋겠습니다. 공무원시험 경쟁률이 높지만, 늦은 나이까지 공부를 손에서 놓지 않은 목회자들은 시험을 준비하는 일이 익숙해 충분히 경쟁력이 있습니다. 특히 사회복지영역에서 공무원으로 일하는 목회자들이 있는데, 이들은 자신의 분야에 전문가가 될 뿐만 아니라 다른 목회자들이 해당 영역에서 순조롭게 활동할 수 있도록 적극적으로 돕고 있습니다.

일정기간 공무원 혹은 공무직을 경험하면 이에 필요한 서류작업에 능숙해져, 향후 목회 및 지역선교 활동을 위한 재원을 정부 및 지방자치단체의 공모사업을 통해 조달할 수 있습니다. 또 공무원보다 취업이 조금 더 용이하고 업무강도가 조금 더 낮은 공무직은, 공무원에 비해 급여는 적지만 그만큼 업무 부담이 적은 편입니다. 공무직은 나라일터 등에 채용공고가 올라옵니다. 때로는 지방자치단체나 공공기관에서 단순노무나 보조업무를 하다가 공무직으로 전환되는 경우도 있습니다.

기술자격이나 전문자격을 갖추고 정규직으로 근무하는 일자리도 꾸준히 관심을 받고 있습니다. 특히 안전관리와 관련된 자격은 여전히 공급이 부족하여 취업이 용이하고, 한 번 자격을 갖추어 취업하면 연관 자격증을 추가로 취득하기가 수월해지기 때문에, 이미 활동 중인 목회자들이 이를 적극 권하고 있습니다. 학위과정의 경우 국가장학금을 신청할 수 있어 학비 부담이 경감됩니다. 그 외에도 다양한 플랫폼의 인터넷 강의를 통해 자격시험을 준비할 수 있습니다. 또 사회복지사의 경우, 이전보다 업무강도가 낮아지고 급여가 현실화되었기 때문에 목회자들의 참여가 늘어나고 있습니다. 정규직의 경우, 관련 자격증을 취득할 때마다 자격증 수당에 반영되기 때문에 충분히 시간과 노력을 투자할 가치가 있습니다.

저는 그간 수많은 일하는 목회자들을 만나왔습니다. 또 강의나 세미나를 통해 일과 목회를 병행하려는 이들의 고민도 들어왔습니다. 각자의 상황은 다양하지만, 한 가지 공통된 점이 있습니다. 그것은 이들이 일을 하려는 가장 큰 이유가 목회 활동을 지속하고 싶다는 것입니다. 단지 개인의 생계를 위해서라면 목회 활동을 중단하고 취업 전선에 뛰어드는 편이 낫습니다. 그러나 주어진 사명을 계속 감당하고자 하기에 두 가지 일을 함께 하고자 하는 것입니다. 옳고 그름을 논할 때는 이미 지나갔습니다. 지금은 어떤 상황에서 어떤 방식으로 일하는 것이 자신의 목회 활동에 더 유리한지 깊이 고민하고 신속히 준비해야 할 때입니다. 이를 위해 자신을 성찰하고 시대의 흐름을 읽을 수 있는 안목을 길러보면 어떨까요? 보냄받은 자리에서 하나님의 선교에 동참하는 선교적 삶은 바로 거기에서 시작됩니다.

간단한 자기소개 부탁드립니다.

안녕하세요. 현재 과천 약수교회 협동목사로 사역을 하고 있는 윤근배 목사입니다. 아울러 과천시청 복지정책과에서 통합사례관리인 사회복지 업무를 담당하고 있습니다.

목회자 공무원이라니, 좀 특별해 보입니다. 하루 일과가 무척 궁금해요.

보통 새벽 5시에 기상을 하고 있습니다. 몇 년 전부터 새벽에 강의를 듣고 성경 필사와 독서를 하고 있습니다. 이후 차로 아내를 직장에 데려다 주고 돌아와 아이들을 등교시키면, 저도 본격적인 하루를 시작하게 됩니다.

출근하면 보통 8시 40분 정도가 됩니다. 제가 하고 있는 업무가 민원 관련이다 보니 출근하자마자 전화가 오는 경우도 있습니다. 행정 시스템을 통해 결재할 문서나 공람 문서를 보면서 본격적인 업무가 시작됩니다. 교육이나 회의 등 일정 확인은 필수입니다.

긴급 상황이 발생하면, 가끔 통장님들께서 전화를 주십니다. 그런 상황에는 아침에 출근해 지역으로 출장을 가기도 합니다. 한 번 출장을 가면 점심시간이 지나서 복귀하는 경우가 많습니다. 또한 한 번 상담을 하게 되면 보통은 2시간 이상 진행을 하게 됩니다.

오후에는 하루의 일과를 정리하면서 시간을 보내게 됩니다. 상담과 출장일지를 정리하면 보통 오후 4시가 훌쩍 넘습니다. 이후에는 오늘 접수된 문서들을 살펴보며 제가 속한 팀에서 회의를 진행합니다. 그렇게 일터에서의 하루가 마무리됩니다.

지금 하시는 일에서 선교적 의미를 찾는다면 어떤 게 있을까요?

사회복지 업무 자체가 모든 시민을 대상으로 합니다만, 특히 가난한 이들, 병든 이들, 마음이 상한 이들을 많이 만나게 됩니다. 물론 그 중에는 기독교 신앙을 가지신 분들도 있구요. 목사로서 저를 통해 믿음을 회복하고 또 삶이 나아지는 모습을 보면서 보람을 느낍니다. 교회로 돌아가고 예배가 회복되기도 합니다.

기독교 신앙이 없거나 타종교를 가진 분들도 만나게 됩니다. 교회 안에만 있을 때에는 아무래도 경험하기 어렵죠. 종교적인 언어를 사용하진 않지만, 이 분들과 대화하며 작게나마 힘이 되어드리고자 합니다. 저를 통해 조금이나마 하나님 나라를 경험하게 하고 싶습니다.

아울러 제가 일하는 과천은 신천지 등 이단 사이비 단체가 횡행하는 곳인데요, 그 때문에 도움을 요청하는 분들도 만나게 됩니다. 인간적으로는 외면하고 싶을 때도 많습니다만, 그럼에도 이들을 통해 사람들이 왜 이단 사이비에 빠지게 되는지 이해하게 되었습니다. 처음에는 배척의 대상으로 여겨지던 이들이 사랑의 대상으로, 또 전도의 대상으로 바뀌게 됩니다. 이들 역시 예수님의 복음을 필요로 하니까요.

공무원이나 공무직을 준비하는 목회자들에게 조언을 해주신다면?

공직사회를 통해 우리는 다양한 사람들을 만날 수 있습니다. 지금까지 만나지 못했던 사람들을 통해 더 많은 상처와 아픔을 목도하게 됩니다. 목회의 장이 훨씬 넓어지는 삶을 상상해보시기 바랍니다.

그러나 좋은 점만 있는 것은 아닙니다. 우선 목회자로서의 삶이 익숙한 우리에게 공직사회는 불편하고 어색한 곳입니다. 조금은 독단적인 우리의 모습과 생각이 동료들과의 화합에는 걸림돌이 되기도 합니다. 또 우리가 가진 높은 윤리적 기준이 타인의 마음을 불편하게 하기도 합니다. 그럴 땐 예수님께서 우리에게 보여주신 인내와 사랑을 기억해야 합니다.

아울러 다양한 경험을 통해 실력을 갖췄으면 좋겠습니다. 아무런 준비도 없이 믿음으로 할 수 있는 일이 아니기 때문입니다. 하고자 하는 업무에 대해 적어도 4년 이상의 경력을 준비하시면 좋겠습니다. 조금 늦어질 뿐, 평생 늦어지는 것은 아니니까요.

3장

일하는 목회자의
자기관리

목회자가 목회 외의 노동을 겸해도 좋은가에 대한 이야기는 일하는 목회자 당사자에게 이미 논의의 대상이 아닙니다. 그러나 막상 일을 하며 목회를 감당하게 되면 반드시 부딪히는, 그리고 오랜 시간을 두고 숙고하게 되는 지점이 있습니다. 그것은 이 두 가지를 모두 잘 해낼 수 있는가, 그리고 나는 누구인가 같은 정체성의 혼란입니다. 목회도 일도 모두 전문성을 필요로 하고, 매 순간 온전히 몸과 마음을 쏟아내야만 제몫을 해낼 수 있습니다. 한 가지도 어려운 이 일들을 모두 해내기 위해서는 남다른 자기관리가 필요합니다. 처음 가졌던 열정과 꿈들은 생각보다 작은 파도에 휩쓸리기 십상입니다. 서로 다른 성격과 능력을 갖고 있기에 특정할 수는 없지만, 우리가 좀 더 신경 쓰고 고민해야 하는 공통의 영역을 다음 몇 가지로 나누어 살펴보고자 합니다.

시간관리와
영성

젊은 시절 학생들을 독려하기 위해 인용하는 격언 중 "시간은 신이 허락한 공평한 선물이다"라는 말이 있습니다. 누구에게나 24시간이라는 하루가 주어지고 이를 활용할 수 있다는 점에 있어 그것은 언뜻 사실처럼 보입니다. 그러나 나이가 들수록 시간 역시 자본의 하나이며, 다른 자본과 상호교환 가능한 가치라는 것을 깨닫게 됩니다. 앤드류 니콜이 연출한 영화 '인타임'은 시간이 곧 돈이며 나아가 수명이 되는 사회를 그리고 있습니다. 영화에서 부자들은 몇 세대에 걸쳐 시간을 넘치도록 소유하고 그 결과로 영생을 누리지만, 가난한 이들은 노동을 통해 하루를 겨우 살아갈 시간을 얻는 모습을 볼 수 있습니다. 실제 우리의 삶도 영화 속 모습과 다르지 않아 보입니다.

일하는 목회자로 살아간다는 것은 목회 외의 노동을 위해 바로 이 시간을 선이자처럼 지불함을 의미합니다. 이것은 결코 우리가 일을 목회보다 우선으로 여기기 때문이 아닙니다. 대부분의 경우 시간의 주도권은 임금을 지불하는 쪽이 갖기 때문입니다. 지난 챕터에 언급한 것처럼 그래서 자영업은 의외로 시간에 대한 주도권이 적은 편입니다. 사장인 내게 임금을 지불하는 쪽은 나 자신이 아니라 바로 고객이기 때문입니다. 오히려 고용이 자유로운 비정규직이 시간을 자유롭게 사용할 수 있다는 점에서 목회에 유리할 수 있습니다. 그래서 일하는 목회자의 시간관리는 자신의 고용형태와 사역을 디자인하는 데에서 출발해야 합니다. 자영업, 비정규직, 정규직이 모두 시간 활용에 있어 각자만의 특징을 가지고 있기 때문에 자신의 목회 상황에 맞는 일자리를 찾아야 합니다.

예를 들어 돌봄이 많이 필요한 목회환경이라면 그만큼 목회 활동에 시간을 많이 투입해야 하기 때문에 비정규직을 택하는 편이 낫습니다. 반면 주일 모임 중심의 도시 교회라면 정규직도 충분히 선택 가능합니다. 일터가 곧 선교적 교회의 현장인 자영업이라면, 일하는 시간 자체가 목회 활동에 해당합니다. 다만 대체인력이 없다면 갑작스러운 목회적 상황에 빠르게 대처할 수 없기에 교회에 미리 양해를 구할 수 있어야 하겠습니다.

시간은 목회활동 뿐만 아니라 영성형성(spiritual formation)과도 밀접하게 관련되어 있습니다. 일하는 목회자들은 흔히 영성이 부족할 것이라는 오해를 받는데, 그것은 전임목회자에 비해 경건훈련에 할애하는 시간이 적을 것이라는 생각 때문입니다. 물론 상대적으로 시간이 부족한 것은 사실입니다. 우선 일하는 목회자들은 보통 새벽예배를 인도하지 못하거나 아예 참여하지 못하는 경우가 많습니다. 일을 하는 시간이 있으니 성경을 펼치고 책을 읽는 데에 사용하는 시간도 다른 목회자들에 비해 적을 수밖에 없습니다. 일반적으로는 1주일에 한 번 내지 두 번의 공예배를 준비하기 때문에 예배준비를 통한 영성형성도 상대적으로 부족합니다. 다른 목회자들보다 시간이라는 측면에 있어 영성형성의 기회가 부족한 셈입니다. 그러나 이들에게는 다른 장점이 있습니다.

일하는 목회자들에게 필요한 영성은 오히려 비목회자들의 그것에 가깝습니다. 하루 일과 즉 시간 사용이 그들과 크게 다르지 않기 때문입니다. 자영업이든 비정규직이든 정규직이든 목회자가 아닌 이들이 살아가는 하루와 일하는 목회자들이 살아내야 하는 하루는 매우 닮아 있습니다. 그렇기에 이들은 누군가에게 공급하기 위한 목적의 영성이 아니라 일상을 살아가는 나 자신을 위한 영성을 먼저 필요로 합니다. 하루 종일 땀을 흘리며 비신자들과 치열한 삶을 공유하는 가운데 어떻게 하면 하나님 나라의 백성다운 삶을 살아갈 것인지 고민해야 합니다. 선교적 삶이 무엇인지 고민하고 실천하기 위해 애써야 하며, 일상에서 일어나는 다양한 갈등에 어떻게 대처해야 할지 결정해야 합니다.

사실 이러한 영성은 바로 우리 교회 성도들의 일상에 필요한 영성입니다. 서 있는 자리가 다르면 풍경이 다르다는 말이 있습니다.

성도들과 같은 자리에 서있기에 설교를 통한 메시지나 심방을 통한 격려와 권면의 페이소스가 다를 수밖에 없습니다. 그럼에도 불구하고 우리는 남다른 영성을 위해 끊임없이 훈련해야 합니다. 비목회자들과 같은 자리에 서 있지만 주어진 역할은 다르기 때문입니다. 삶을 공감할 수 있는 데에서 그치는 것이 아니라 자신과 같이 한 걸음 더 나아갈 수 있도록 독려하기 위해서는 먼저 우리 자신이 더 깊은 곳으로 나아갈 용기와 자기관리가 필요합니다.

재정관리

일하는 목회자들을 상담하다 보면 직업을 선택하거나 일자리를 찾는 것보다 더 큰 문제를 안고 있음을 발견하게 됩니다. 그것은 재정관리가 잘 이루어지지 않는다는 점입니다. 재정관리가 잘 되기 위해서는 일정 수준 이상의 수입이 보장되어야만 할 것 같습니다. 물론 당연히 맞는 이야기입니다. 그래서 조금이라도 더 많은 수입을 얻는 일에 관심을 갖게 됩니다. 그러나 시행착오를 겪느라 일자리가 불규칙한 일하는 목회자들은 바로 이 점에 있어 어려움을 겪습니다. 따라서 재정관리를 위한 첫 번째 단계는 오히려 목표수입을 잡고 자신의 수입 구조를 정하는 데에 있습니다. 많은 일하는 목회자들이 처음 몇 개월에서 몇 년은 자신에게 맞는 일자리를 찾는 데에 시간과 정력을 소비하게 됩니다. 시행착오를 줄이기 위해 우리는 자신의 목표 수입을 정해놓아야 합니다.

시간이 곧 돈이라는 의미는 목회활동을 위한 시간을 얻기 위해 목표 수입을 낮출 수도 있어야 한다는 말입니다. 목회데이터연구소의 2021년 9월호 발표자료에 따르면, 일하는 목회자들의 평균 수입은 207만 원이며 이중 64%, 즉 평균 132만 원을 노동을 통해 얻고 있습니다. 도시노동자 월평균소득을 기준으로 한다면 평균 수입이 1인 가구 소득의 2/3에 불과하다는 것을 알 수 있습니다. 목회자들이 노동에 익숙하지 않거나 열심이 부족하기 때문이 아닙니다. 목회활동을 위한 시간을 확보하기 위해 수입을 낮추는 쪽을 선택하기 때문입니다. 통계를 통해 우리는 일하는 목회자들이 부족한 수입을 약간의 교회 사례비와 기타 후원 등으로 대신하고 있음을 알 수 있습니다.

둘째로 가계재정과 교회재정을 처음부터 분리해야 합니다. 당연한 이야기 같지만 교회를 개척하는 초기 혹은 교회재정이 부족한 상황에서는 이를 지키지 못합니다. 보통 교회 재정이 넉넉한데 가계재정이 어려운 상황보다는 그 반대의 상황이 일반적인데, 이 때 가계재정이 교회로 자꾸 흘러들어가게 되면 양쪽 다 존립이 어려워지게 됩니다. 급하다고 개인적으로 빚을 내어 교회 상황을 해결하려 하면, 상황도 악화되고 채무의 책임도 애매해져 결국 목회자 자신이 빚을 다 갚는 상황이 생기기 마련입니다. 많은 작은 교회 목회자들이 악성 채무로 인해 신용상의 어려움을 겪는 이유가 여기에 있습니다.

과도한 채무로 인해 문제가 발생하면 머뭇거리지 말고 교계에서 활동하는 전문가 그룹을[5] 통해 채무상담을 받을 것을 권합니다. 알고 대처하면 제도를 통해 대응이 가능하지만, 이를 모르면 마음의 고통으로 삶의 질이 떨어질 뿐만 아니라 목회활동도 위축됩니다.

셋째로 재정운용의 규칙을 정하고 계획적인 경제생활을 해야 합니다. 주어진 상황에 자족하는 삶과 아무 계획 없는 삶은 엄연히 구분됩니다. 넉넉하기 때문에 계획하는 것이 아니라 부족하기 때문에 계획해야 합니다. 이를 위해 먼저 수입과 지출을 정확히 파악해야 합니다. 당연한 것 같지만 의외로 이 내용이 정리되지 않은 목회자 가정이 많습니다. 수입과 지출의 균형을 찾기 위해서는 고정수입과 고정지출을 파악하고, 나도 모르게 새고 있는 비용이 있다면 과감하게 정리해야 합니다. 불필요한 신용카드의 사용을 줄이거나 없애고, 체크카드 사용을 권합니다. 간혹 신용카드의 부가

---

5 돈병원(원장 서경준, https://cafe.naver.com/debtintolight)과 희년빛탕감상담소(대표 김철호, 02-738-9413)를 추천드립니다.

서비스로 혜택을 얻기 위해 여러 장의 카드를 보유하고 있는 목회자들을 만나곤 합니다. 이러한 서비스는 꽤 매력적인 혜택으로 보이지만, 결과적으로 이용자들의 소비를 부추기는 기업들의 프로모션에 지나지 않습니다. 여러 개의 통장을 만들어 일명 통장쪼개기를 시도하는 것도 좋습니다. 급여통장을 쪼개 일정액을 생활비로 활용하도록 생활비통장을 만들면 과도한 소비를 막는데 도움이 됩니다. 여기에 비상금 통장이나 적금 통장 등을 만들면 더욱 효과적으로 돈을 관리할 수 있습니다. 또 노후를 대비해 연금을 준비해야 합니다. 노후 자립도를 높이기 위해서는 국민연금 등의 공적 연금을 기본으로 다양한 사적 연금을 활용할 수 있습니다.

간단한 자기 소개 부탁드립니다.

> 빚 때문에 병든 돈과 돈 때문에 병든 사람을 고치는 돈병원 원장,
> 서경준입니다. 금융 강의와 상담을 통해 서민, 보통 사람들을 위
> 한 현실적인 돈 관리 기술과 실질적인 빚 해결 방법을 알려드리
> 는 일을 하고 있으며, 기독교인을 향하여 '지금은 돈과 친해질 때
> 가 아니라 싸워야 할 때'라고 외치며 '전투적 성경적 재정관리'를
> 주창하고 있습니다.

**특별히 목회자들의 재정관리에 관심이 많고 또 많은 분들에게 도움을 주신
것으로 알고 있습니다. 어떤 계기가 있으실까요?**

> 기독교인 재무 상담사로서, 저는 그저 착한 일을 하자는 차원에
> 서 서민과 소외 계층을 위한 금융 교육과 상담을 주로 하고 있었
> 습니다. 그 시절, 성경에 대한 깊은 이해는 아직 부족했습니다.
> 그러나 '공의와 정의', '희년' 등에 대해 알게 되면서, 성경이 말하
> 는 돈과 맘몬에 대해 눈을 뜨게 되었습니다. 그 후로, 성경이 말
> 하는 돈에 대해 배우고자 목회자나 기독교인 재정 강사들의 영

상물을 열심히 시청했습니다. 그러나 그 결과는 당혹스러움이었습니다. 그분들의 말에서 '공의와 정의', '희년' 등을 찾아보기 어려웠기 때문입니다. 심지어 돈을 사랑하는 마음이 만악의 근원이라고 말하면서도, 결과적으로는 돈을 사랑하는 마음에 성경 구절로 알리바이를 제공하는 강의가 대부분이었습니다. 그 영상물들에 달린 댓글은 대부분 환호와 은혜를 표현한 것들이었습니다. 저는 탄식을 참을 수 없었습니다. 맘몬에 의해 기독교인들의 영혼과 주머니가 털리는 상황을 저는 '전쟁'이라고 규정하고 싸움을 시작했습니다. 돈에 대한 잘못된 가르침을 전파하는 근원지도 교회였고, 전쟁의 양상을 뒤바꿀 요충지도 교회라고 봤습니다. 그런 이유로, 강의와 상담을 조금씩 해나가는 중에 자연스럽게 빚 문제로 고생하는 목회자를 여럿 만날 수 있었습니다.

목회자들이 가계부채 등으로 어려움을 겪는 일이 많다고 하는데, 왜 그럴까요?

목회자뿐 아니라 기독교인들이 가계 부채로 어려움에 빠진 이유는 한 가지입니다. 사람에게는 자신에게 유익한 것을 옳은 것이라고 생각하는 습성이 있습니다. 우리는 돈이 주는 유익을 주님이 주시는 것이라고 해석해온 사람들입니다. 물질적 풍요와 주님의 은혜를 동일한 것으로 여기고 그것을 추구해왔을 뿐, 그것들을 가증히 여기고 심히 미워하며 멀리하는 기독교인을 찾기 힘듭니다.

목회자들의 설교는 말로만 두 주인을 섬기지 말라고 하는 것 같습니다. 그 결과물이 지금 기독교인들의 돈에 대한 관념과 태도이겠지요. 돈에 대한 관념적·추상적 설교에 대해 내성(耐性)이 생긴 덕에 성도들은 더 이상 분별 있게 행동하지 못합니다. 어떤 행동이 두 주인을 섬기는 것인지 구체적으로 설교해주시기 바랍니다. 돈을 흠모하는 성도들 눈치 보지 마시고 선명하게 알아들을 수 있도록 말씀해주시기 바랍니다. 한 주인을 섬기는 것은 흑과 백 둘 중 하나일 수밖에 없지 않습니까?

어떤 개척 교회의 목사님은 교회 유지를 위해 자신의 신용 대출을 모두 사용했고, 연체를 막기 위해 사모님께서 대부업 대출까지 받아서 버티고 있었습니다. 저는 그런 상황에 어떤 신앙적 타당성이 있다고 생각하지 않습니다. 이는 '신용(信用)우상(偶像)'에 전염된 결과라고 생각합니다. '신용'은 '빚'입니다. 우리가 먼저 인정해야 할 것은 '신용'의 정체를 의심하지 않고 세상이 제시한 그대로를 받아들였다는 점입니다. 이는 또 다른 우상을 섬겼다는 점에서 하나님 앞에 죄와 같습니다.

채무로 인해 지금 어려움을 겪고 있는 목회자들에게 조언을 주신다면?

빚은 질병입니다. 치료할 수 있습니다. 식이요법, 운동요법, 약 처방, 수술, 재활 등 여러 치료법이 있습니다. 혼자 고민하지 마시고 전문가와 상담하시기 바랍니다. 그 다음에는 빚을 극복한 경험을 살려서 빚으로 고통받는 사람들을 도와주시기 바랍니다.

후원

누구나 자립 혹은 그 이상을 꿈꾸기에 일하는 목회자가 되기로 결심합니다. 일과 영성에 대한 진지한 고찰을 통해 일터에서의 일상이 예배이고, 선교이며, 우리가 하는 모든 일이 바로 목회라는 것을 깨닫습니다. 물론 그건 사실입니다. 그게 우리의 진심이기도 하니까요. 그러나 이 두 가지 영역을 모두 충실하게 해내는 것은 또 다른 문제입니다. 현실은 녹록치 않습니다. 일하는 만큼 시간을 써야 하고, 일하는 만큼 정력을 소비해야 합니다. 사실 이 두 가지를 모두 기대 이상으로 해내는 이들은 많지 않습니다. 우리가 일을 하는 이유가 목회를 지속하기 위함이라면, 둘 사이 경중을 가리거나 둘 중 하나를 포기할 수도 없습니다. 그래서 자립은 더욱 어렵습니다.

그런 측면에서 후원은 자립과는 별개로 우리 사역의 지속가능성을 위해 꼭 필요합니다. 우리가 그간 주로 관심을 가져온 영역은 우리의 사역에 대한 후원입니다. 우리는 선교단체가 어떤 목표를 설정하고 캠페인을 하는 것에는 익숙합니다. 선교지에서 차량을 구입하거나 수리하기 위해, 선교지 교회 건축을 위해 혹은 가난한 아이들을 먹이고 입히기 위해 후원을 요청하는 경우에는 큰 거부감 없이 공개적인 후원이 진행됩니다. 그러나 같은 상황에 모 교회의 차량을 구입하기 위해, 교회 건물을 매입하기 위해, 때로는 마을의 취약계층 아이들을 먹이고 입히기 위해 공개적으로 후원을 요청하는 일은 왠지 불편하게 느껴집니다. 그것은 개교회의 문제는 개교회가 해결해야 한다는 인식 때문입니다.

그러나 교회가 가진 공공성은 지역에 국한되지 않습니다. 코로나 이후 더욱 위축되는 선교적 상황에서 이제는 한 교회 한 교회가 모두 우리교회라는 인식이 필요합니다. 한 교회의 문제가 이제는 조국교회 전체의 문제입니다. 혈액이 공급되지 않아 조직이 괴사하듯 우리가 가진 자원을 꼭 필요한 곳으로 흘려보내지 않으면, 보이지는 않지만 교회생태계가 서서히 죽어가는 결과로 이어집니다. 따라서 우리 사역에 꼭 필요한 후원을 요청하는 것은 지금의 상황에 마땅한 일이며, 뜻밖에도 이에 참여하고자 하는 이들이 언제나 우리 주변에 있습니다.

흔히 후원을 이야기하면 으레 투명성을 떠올립니다. 그러나 투명성은 당연히 갖춰야 할 덕목이지 우리가 도달해야 할 목표는 아닙니다. 연애를 하는 기간 동안 다른 상대를 만나지 않는 것이 목표가 될 수 없는 것과 같습니다. 오히려 후원에 있어 가장 중요한 것은 스토리텔링입니다. 감동적인 이야기를 억지로 만들라는 것이 아니라, 후원이 가진 가치를 바로 전하고 참여를 독려하려면 이야기가 제대로 전달되어야 한다는 의미입니다. 가치 없는 후원이 어디 있겠습니까? 그러나 가치가 분명히 보이는 캠페인을 만드는 것은 준비와 경험이 필요한 일입니다. 후원이 왜 필요한지, 어떤 가치를 가진 일인지, 일으키고자 하는 변화는 무엇인지, 구체적으로 무엇을 제공하는지를 설명할 수 있어야 합니다. 후원에 참여하는 이들이 어떤 방식으로든 이 이야기에 참여하고 변화를 경험할 수 있다면, 이후에도 후원에 참여할 가능성이 높아집니다.

우리의 일터가 곧 사역지인 경우 필요한 물품이나 고정비 등을 후원으로 요청할 수 있습니다. 대중의 공감을 받을 내용이라면 더욱 그렇습니다. 결국 개인의 물품이 되는 것으로 오해받는 것은 아닐까 하는 생각으로 후원을 망설이기 전에, 우리는 이것이 누구를 위한 일인지를 먼저 생각해야 합니다. 답은 분명합니다. 선교적 공공성을 가진 사역들은 후원을 통해 오히려 공공의 영역으로 나와야 합니다. 그래서 더 많은 이들의 관심과 참여를 통해 자라나고 확장되어야 합니다. 후원은 혈액을 통해 산소와 각종 영양분을 공급받는 것처럼 사역에 힘이 돌게 합니다. 최선을 다해 사역을 한다는 것은 후원 또한 우리가 최선을 다해야 한다는 말이기도 합니다.

끝으로 그 필요성을 꼭 강조하고 싶은 영역은 개인 후원입니다.

사실 교회 생태계에서는 개인 후원이 이른바 봉투를 통해 공공연하게 이루어집니다. 물론 후원을 받는 것 자체는 결코 부끄러운 일이 아닙니다. 간혹 먹고 살기에 넉넉한 이들이 욕망을 채우기 위해 성도들로부터 봉투를 받아내는 작태가 문제일 따름입니다. 일하는 목회자들 역시 노동의 대가를 통해 생계를 유지하지만, 일정한 액수의 개인 후원을 받게 되면 경제적 부담이 줄어들수록 사역에 더욱 집중할 수 있는 환경이 됩니다. 개인후원은 단지 생계를 유지하기 위한 수단이 아닙니다. 교회의 규모가 작을수록 교회로부터 받는 임금은 적기 마련이고, 그럴수록 자신과 가족의 생계가 노동 자체에 종속될 가능성이 높습니다. 일상에서 더 많은 선교와 전도의 기회를 갖고 지역교회의 목회자로서 더욱 활발히 활동하기 위해서 생계를 위한 노동의 부담을 줄일 수 있어야 합니다. 최근 사단법인 센트가 기독교 펀드레이징 전문 플랫폼인 단비클럽(www.danbeeclub.com)을 출시했습니다. 이런 종류의 서비스를 통해 자신의 사역을 소개하고 정기후원을 통해 목회의 지속가능성을 높여나간다면, 목회자로서 자신의 삶을 통해 누군가를 행복하게 하는 일에 더욱 집중할 수 있을 것입니다.

일하는 목회자와
선교적 삶

일하는 목회자들에게 가장 큰 어려움 중 하나는 정체성의 혼란입니다. 처음에는 이런 걸 고민할 겨를이 없습니다. 일과 목회를 병행하느라 분주하기 때문이기도 하지만, 새로운 삶에 대한 기대와 욕구가 크기 때문입니다. 또 시간이 흐르며 마주하게 되는 실제적인 어려움들은 회피하거나 극복할 수 있습니다. 그러나 우리는 이미 다 해결되었어야 할 '나는 누구인가'라는 근원적인 질문 앞에서 오히려 머뭇거리곤 합니다. 답을 모르기 때문이 아니라 쉽게 답을 내릴 수 없는 상황들 때문입니다. 물론 우리는 큰 결단 가운데 일터에 나 자신을 스스로 선교사로 파송할 수 있습니다. 그러나 남들과 크게 다르지 않은 반복되는 일상 속에서 내가 선택하고 살아가는 삶이 선교적인 삶이라고 끊임없이 고백하는 건 쉽지도 않고 자연스럽지도 않습니다. 선교적 접촉점을 만들어내고 복음적인 삶을 살고자 시작한 일들이 언제까지나 가치중심적으로만 진행될 수도 없습니다. 때로는 시장논리 앞에서 신념이 꺾이기도 합니다.

또 너무 모든 일에 지나치게 의미를 부여하는 건 아닌가 하는 생각이 가열한 우리 걸음을 멈추어 세우기도 합니다.

이런 현상은 어디에서 오는 걸까요? 여러 가지 이유가 있겠지만, 저는 우리에게 일상을 해석해내는 힘이 부족하기 때문임을 지적하고 싶습니다. 2010년 무렵에 등장해 어느새 담론으로 자리잡은 선교적 교회론은 조국교회에 많은 통찰과 인식의 전환을 제공해 왔습니다. 다만, 사례 위주로 키워드만 빠르게 소비하느라 정작 이를 체화하는 데에 필요한 우리만의 적용과 고찰이 충분하지 않았다는 아쉬움 또한 큽니다. 그런 의미에서 이번 챕터에서는 일하는 목회자들을 위한 선교적 교회론과 그 실천을 함께 고민해보고자 합니다.

일과 영성에 대한
네 가지 입장

일하는 목회자를 부르는 이름이 더욱 다양해지고 있습니다. 이름이 많다는 건, 그만큼 인식의 틀이 다양하다는 의미입니다. 이중직이라는 표현이 가장 대중적이지만, 해당 단어에 부정적인 의미가 많이 담겨 있다는 인식도 많아졌습니다. 자비량 목회, 겸직 목회, 두직업 목회, 자립형 목회, 일터 목회자 등 이를 긍정적으로 표현하려는 다양한 시도 속에 일하는 목회자라는 표현 역시 대중화되고 있습니다. 우리가 주목해야 하는 것은, 그 표현과 의미는 조금씩 다르지만 어떻게든 목회라는 본질을 잃지 않으려 한다는 점입니다. 이러한 현상을 통해 우리는 일에 대한 인식이 다를지라도, 본질적으로 이들이 목회자임과 이들이 일하는 이유 역시 목회를 잘 하고 행복하게 살아가기 위함임을 발견할 수 있습니다.

일하는 목회자들을 포함해 조국교회의 목회자들은 일과 영성에 대해 대체로 다음의 몇 가지 입장을 갖고 있습니다.

첫째는 성과 속을 철저히 분리하는 입장입니다. 극단적인 표현 같지만 실은 다수의 목회자들이 여기에 해당합니다. 이들은 교회 안에서 이루어지는 혹은 교회 밖에서 교회의 이름으로 이루어지는 전통적인 목회활동만을 목사다운 삶으로 여깁니다. 목사는 교회 공동체를 섬기기 위해 부르심을 받았고, 오로지 이에 충실해야 한다는 것입니다. 이들은 자신을 포함한 모든 일하는 목회자들의 존재와 그 의미에 부정적입니다. 또한 노동을 통해 살아가는 목회자들에 대해, 때에 따라 공급하시는 하나님에 대한 신뢰가 부족한 것으로 여깁니다. 이들은 목회는 성직이며, 목회활동은 결코 노동일 수 없고, 목회 외의 노동은 목회자의 소명과 반하는 것으로 이해합니다.

혹 이러한 입장을 단지 낡고 답답한 것으로 치부해서는 안 됩니다. 최근 제가 주목하는 지점은 일하는 목회자들이 많아지는 것은 분명하지만, 젊고 유능한 목회자들도 몇 번의 새로운 시도 끝에 다시 전통적인 목회로 돌아오곤 한다는 사실입니다. 또 다양한 유형으로 지속가능한 목회를 시도하면서도, 목양은 우리에게 익숙한 옛 방식을 고수하는 분들도 적지 않습니다.

왜 어떤 이들은 출발점으로 다시 돌아올까요? 단순히 일이 어렵고 고단하기 때문만은 아닙니다. 목회자 중심, 회집 중심의 목회활동이 익숙한 이들은 자신들의 사역이 전통적인 영성의 영역을 넘어 일터와 일상으로 확장될 때, 때때로 당혹감을 느낄 수 있습니다. 성장을 기준으로 목회의 성과를 측정하던 과거와 달리 뚜렷한 가시적인 성과가 없는 새로운 방식의 목회활동을 통해서는 자신이 잘하고 있다는 감각을 느끼기 어렵기 때문입니다. 이것은 목회자만의 이야기가 아닙니다. 교회를 구성하고 있는 비목회자들에게도 그것은 정체를 알 수 없는 상실과 공허로 다가옵니다. 이 입장은 맞서 싸우고 타파해야 할 옛 것이 아니라 조국교회에서 가장 오래되고 보편적인 견해임을 우리는 기억해야 합니다.

둘째는 목회자가 세속에서 노동하는 것을 목회의 확장 또는 선교로 이해하는 입장입니다. 일하는 목회자들이 일을 하게 되는 계기는 다양합니다. 교회로부터 받는 급여가 전혀 없거나 혹은 부족해서 일을 시작하는 이들도 있고, 교회 공간을 유지하기 위해 일하는 이들도 있습니다. 생계의 문제와는 별개로 교회 차원에서의 선교활동으로 일을 하기도 합니다. 계기는 다양하지만 이들은 공통적으로 성속이원론을 배격하고 그리스도인에게 일상이 갖는 선교적 의미를 강조합니다. 또 세속이 더 이상 우리의 전도를 반기지 않는다는 것을 인정하고, 지역과 각 개인의 일상 안에서 자연스럽게 선교적 접촉을 늘려가는 것이 훨씬 효과적이라고 믿습니다. 모든 날이 주님의 날이라거나, 참된 예배는 교회 문밖을 나가며 시작된다는 믿음, 마을의 모든 이들을 사랑하고 섬기는 것이 마을목회라는 등의 구호가 이에 해당합니다. 이들은 경계의 모호함을 추구하며 선교적 교회를 지향하기 때문에 보냄 받은 모든 곳을 우리의 사역지로 인식합니다.

셋째는 일하는 목회자로 살아가는 것을 교회 개혁의 한 측면 또는 대안적 목회로 이해하고 나아가 운동성을 추구하는 입장입니다. 이들은 전통적인 목회가 가진 문제를 교회 중심, 목회자 중심의 신앙활동과 권력구조에 있다고 봅니다. 또 물질만능주의, 기복주의, 이원론적 신앙과 사제주의를 극복하기 위해서는 목회자가 직제로서의 역할은 물론이고 성도들과 함께 구체적인 일상 속에서 복음을 증거해야 한다고 믿습니다. 교회의 규모가 교회의 건강성과 직결된다고 보기 때문에, 소신 있는 목회를 하기 위해서는 목회자가 일을 해야만 한다고 주장하며, 전통적인 방식 즉 교회 규모를 키워 목회자 가정을 부양하는 시대는 끝났다고 봅니다. 이런 이들은 일하는 목회자는 시대의 부름을 받은 것이며, 이들이 많아지는 것이 한국 교회가 건강해지는 길이라고 주장하기도 합니다.

반면에 일하는 목회자로 살아가면서도 이와 같은 교조화를 경계하는 이들도 있습니다. 이들은 일과 목회를 병행할 때 마주하는 현실을 이미 충분히 경험했습니다. 이들은 입을 모아 물리적으로 두 가지 영역 모두에서 최고의 성과를 내는 것은 불가능하다고 말합니다. 노동은 거룩하지만 그로 인해 목회활동에 필요한 시간을 충분히 갖지 못하는 것은 극복해야 하는 현실입니다. 이들 가운데에는 신념을 갖고 일터로 뛰어든 이들도 있고, 어쩔 수 없이 일을 하게 된 이들도 있지만, 이들이 묵묵히 자리를 지켜내며 공통적으로 경험한 것은 다름 아닌 경계(boundary)가 주는 유익입니다.

일터에서 선교적 삶을 사는 것과 지역교회 목회자로 살아가는 것이 반드시 일치할 필요는 없습니다. 오히려 적절한 경계를 가질 때에 비로소 목회가 더욱 풍성해집니다. 이들은 보통 교회의 부흥기와 침체기를 모두 몸소 겪었을 가능성이 높고, 전통적인 목회에 익숙한 회중이 아직 더 많다는 것을 인지하고 있으며, 사목으로서의 역할에 좀 더 충실하고자 하는 욕구를 가진 이들입니다. 누군가에게는 현실주의자라는 비판을 받을지 모르지만, 지속가능성과 진정성이라는 측면에서 이들은 언제나 말할 자격이 있는 이들입니다. 일하는 목회자와 같은 현대교회의 새로운 현상들이 운동(movement)화되고 당위를 갖는 일은 경계하자는 이들의 입장 역시 존중되어야 합니다.

이와 같이 일과 영성에 대한 인식의 차이는 일과 사역의 방향과 형태를 결정하며, 목회자 자신의 삶을 형성하는 데에 직접적인 영향을 줍니다. 나아가 일에 대한 만족감과 목회활동에 대한 보람과도 깊은 상관관계가 있습니다. 선교적 교회론에 대한 고찰이 필요한 것은 바로 이러한 이유 때문입니다. 일하는 목회자들이 일을 시작하는 계기는 재정적인 부분이 가장 크겠지만, 목회활동을 지속하는 힘은 자신의 존재와 정체성에 대한 확신을 바탕으로 합니다. 목회자들의 일상은 한 개인의 일상으로 치부하기에는 공적이고 상징적입니다. 따라서 우리의 일상은 신학적 성찰을 요구하며, 책임감 있게 해석되어야 합니다.

우리의 선교적 교회론은 2009년 지성근 목사가 마이클 프로스트와 앨런 허쉬의 《새로운 교회가 온다》(IVP)를 번역, 출간하면서 시작되었다고 볼 수 있습니다. 이후 북미의 선교적 교회운동, 영국

성공회의 선교형 교회, 교회의 새로운 표현(A Fresh Expression of Church) 등이 함께 소개되었습니다. 서구의 선교적 교회론이 크리스텐덤에 대한 반동으로 일어났던 것처럼, 우리네의 초기 담론은 작고 건강한 교회를 지향하는 교회개혁 운동가들에 의해 주도되었습니다. 주로 카페교회, 도서관교회와 같은 교회의 유형에 대한 관심이 컸고, 관련되어 교회를 개척하고 활동하는 이들이 많이 소개되었습니다. 신학교에서는 정규 커리큘럼 대신 새로운 교회개척의 모델에 관한 세미나를 열어 선교적 교회론을 소개했고, 이들이 강사로 초대되어 현장의 다양한 모습을 전하곤 했습니다.

한편, 김선일 교수(웨스터민스터신학대학원대학교)는 우리 안에 선교적 교회론이 자리잡는 과정을 에큐메니컬 운동과 비교합니다. 둘은 서로 유사한 점이 많음에도 불구하고 결과적으로는 큰 차이를 보였는데, 그들이 사회운동에 참여하거나 인권과 정의를 위한 민중교회를 세우는 방향을 선택한 것에 비해 우리의 선교적 교회론은 좀 더 지역적이고 생활밀착형으로 발전했기 때문이라는 것입니다. 그는 특히 '선교적 교회'에서 말하는 '선교'는 지역적이고 지역민 중심적이며, '교회'는 보통의 전통교회가 가진 범주와 크게 다르지 않다고 말합니다. 1세대 선교적 교회들은 기존의 교회들이 가진 목회자 중심의 구조와 전통적 운영방식을 답습하고 있었고, 일부 교회를 제외하고는 교회론에 있어 의미있는 변화를 경험하지는 못했다는 한계를 가집니다.

이후 선교적 교회론을 수용하는 과정에서 조국교회의 그것은 교회 중심에서 개인의 선교적 삶으로 그 무게 중심이 옮겨졌습니다. 북미의 신학자들은 선교적 교회가 성장하는 과정에서 목회자 중심의 리더십이 회중에게 이양되는 모델을 제시했지만, 우리의 선교적 교회 개척자들은 이것이 우리의 정서와는 맞지 않는다는 것을 깨닫게 되었습니다. 우리는 오랜 시간 목회자 중심으로 교회가 세워지고 운영되어 왔는데, 이는 서구사회에 비해 노동시간이 많고 노동강도가 높은 우리네 삶이 교회 내 리더십에 직접 참여하기보다 전업 목회자에게 이를 위임하는 일에 익숙하기 때문입니다.

또한, 선교적 교회론이 교회 공동체에서 개인으로 이동한 데에는 선교적 교회론의 모호함과 추상성도 한몫했습니다. 보냄받은 곳에서 하나님의 선교에 참여한다는 개념은 기존의 교회론을 뒤바꾸는, 매우 근본적이고 혁명적인 이야기이긴 했지만, 실천에 있어서는 지극히 일상적이고 당위적이었기 때문입니다. 교회가 지역에서 착한 일을 한다는 점에 있어서는 전통적인 선교론과 크게 다르지 않아 보였고, 이에 대한 고민은 곧 교회의 사역을 넘어서서 보냄받은 개인의 일상과 삶으로 이어졌습니다.

일하는 목회자의 선교적 삶에 대한
다섯 가지 제언

인식은 다양하지만 일하는 목회자는 전문적으로 훈련받은 사목자이자 한 사람의 성도임에 분명합니다. 일을 하게 되는 계기와 목적은 조금씩 다를 수 있지만 결국 일터에서 한 사람의 그리스도인으로 살아가는 이들이 갖는 고민을 그대로 안고 있습니다. 추상적으로 보일 수 있는 선교적 교회론은 보냄받은 이들을 통해 실천되며, 우리 일하는 목회자들의 삶 속에서 체화되어야 합니다. 김선일 교수는 선교적 교회론의 다섯 가지 실천방향으로 장소, 이웃됨, 일상, 몸, 보냄받음을 제시하는데, 이를 인용해 일하는 목회자들에게 필요한 선교적 삶에 대해 짧게 기술하고자 합니다.

첫째는 장소로서의 선교입니다. 그에 따르면, 선교적 삶의 실천은 필연적으로 장소를 그 통로로 삼습니다. 마을 목회는 마을이, 일터 사역은 일터가, 학원 선교는 학교가 실천 영역이 되는 것입니다. 타문화권 선교에서 타문화에 대한 이해와 적응이 필요하듯 우리에게는 탐색과 연구가 필요합니다. 지역교회가 지역 안에서 실제적이고 구체적으로 기능해야 하는 것처럼, 일하는 목회자들은 이런 과정을 통해 보냄받은 곳을 중심으로 이웃들과 교제하고 길벗이 되어갑니다.

유의해야 할 것은 전통적인 지역교회가 가치와 의미에 먼저 집중했다면, 일하는 목회자들은 먼저 보냄받은 곳에서 충실히 기능하는 일 역시 의미만큼이나 중요하게 여겨야 한다는 점입니다. 예를 들어 과일가게라면 우선 맛있는 과일을 판매하는 곳으로 자리잡아야 합니다. 식당이라면 동네 어느 곳보다 맛있기는 어려워도, 최소한 맛이 없어 다시 오고 싶지 않은 곳이어서는 안 된다는 점입니다. 장소성은 고유의 기능이 역동적일 때 발생하기 때문입니다.

둘째로 선교적 삶은 이웃됨을 전제로 합니다. 여기서 말하는 이웃됨은 이웃을 대상화하지 말고 더불어 살아가는 존재로 인식하는 것을 의미합니다. 특히 필요를 채우는 일에 익숙했던 조국교회가 가장 많이 해온 실수는 이웃을 시혜의 대상으로 여긴다는 점입니다. 선교적 삶에서 이웃은 우리와 동등할 뿐만 아니라 서로의 보살핌으로 각자를 채우는 존재가 됩니다.

무엇보다 현대 도시문화는 정주성보다 나그네의 삶이 강조됩니다. 교회의 각 구성원들은 이미 그렇게 살아가고 있지만, 특히 목회자들은 오히려 낯선 곳에서 도움을 필요로 하는 존재에 가깝습니다. 성급하게 착한 그리스도인이 되려고 애쓰지 않아도 괜찮습니다. 이웃과 일상을 공유하고 또 다른 나그네들과 같은 리듬으로 살아가려는 노력이 오히려 일하는 목회자를 보통의 이웃으로 인식하게 합니다.

셋째로 선교적 삶은 일상을 바탕으로 이루어집니다. 우리가 성부 하나님으로부터 보냄받은 존재라는 것을 인식하는 것은 신앙의 일상성을 요구받는다는 의미입니다. 우리에게 익숙한 거룩함이 일상과 대비되어 선명하게 드러날 때, 비그리스도인들은 우리의 존재를 불편하게 여깁니다. 삶과 신앙이 분리되는 예배당 안에서는 이것이 오히려 영웅적 요소가 될 수 있지만, 교회 바깥에서 타인의 일상을 깨는 것은 선교적 삶과는 거리가 멉니다. 우리는 성서의 하나님께서 몸, 식사, 가정 등 우리의 일상을 재료삼아 선교하시는 분임을 기억해야 합니다. 일상의 각각에서 자연스럽게 관계가 형성될 때까지 우리는 평화해야 할 의무가 있습니다.

넷째로 선교적 삶은 몸의 선교이어야 합니다. 몸과 영혼을 분리해 생각하는 이원론적인 사고는 편협한 영적 가치에 몰두하게 합니다. 일하는 목회자들은 보냄받은 곳에서 만나는 이들의 일상에 구체적으로 관심을 갖고 그것을 기억해야 합니다. 특히 전도에 초점을 맞춘 피상적 관계는 지양해야 하며, 몸과 몸이 만나 진실된 관계를 맺는 것이 수단이 아닌 목적이 되어야 합니다. 이러한 관계는 현대인이 피로감을 느끼는 탈육체적 세계 안에서 효과적으로 작동하며, 이들의 결핍을 깨닫게 하는 포인트가 됩니다.

끝으로 선교적 삶은 보냄받음의 선교입니다. 일하는 목회자들은 교회 공동체를 섬기기 위해 부름받음과 동시에 일터로 보냄받은 존재임을 기억해야 합니다. 교회 안에서는 사람들의 신앙적인 욕구를 충족시켜야 할 의무가 있지만, 일터에서는 보냄받은 곳에서 세상을 섬기는 역할을 감당해야 합니다. 선교적 교회론에서 이러한 파송은 성부 하나님이 성자 예수님을 파송하신 것에 비교됩니다. 보냄받은 백성이 존재하는 이유는 그곳에 거하는 이들과 똑같이 살아가기 위함이 아니라 보냄받은 목적을 이루기 위함입니다. 인자가 온 것은 섬김을 받으려 함이 아니라 도리어 섬기려 하기 위함이라는 예수님의 말씀처럼, 우리는 세속의 가치와 맞서 싸우며 세상과는 다른 방식으로 그곳을 섬겨야 합니다.

일하는 목회자들은 목회자라는 특수성 때문에 비목회자들과는 조금 다른 책임을 갖고 있습니다. 우리가 하는 말이 곧 조국교회의 말이 되고, 우리의 행동이 곧 조국교회를 대표한다는 점을 인식해야 합니다. 이러한 과정이 우리 안에 성실히 체화될 때에 일하는 목회자들은 그 독특한 위치를 통해 하나님의 선교를 풍성하게 할 뿐만 아니라 교회 공동체에 더욱 큰 유익을 줄 수 있을 것입니다.

일하는 목회자와
N잡러

이번 주제인 '일하는 목회자'와 'N잡러'는 마치 '역전앞'이나 '상갓집'처럼 겹말을 붙여 쓴 것으로 오해하기 쉽습니다. 일하는 목회자는 목회 외의 다른 일을 목회와 함께 하는 이를 가리키고, N잡러 역시 본업 외에 여러 개의 직업을 가진 사람을 가리키기 때문입니다. 그러나 일하는 목회자는 포괄적인 의미로 겸하여 하는 일의 의미나 역할이 다양한 데에 비해 N잡러는 좀 더 좁은 의미를 지니고 있습니다.

pmg 지식엔진연구소가 제공하는 '시사상식사전'에 따르면 N잡러는 생계유지를 위한 본업 외에도 개인의 자아실현을 위해 여러 개의 직업을 가진 사람을 가리킵니다. 물론 N잡러의 자아실현 역시 다양한 의미를 지니고 있습니다. 다만 이미 MZ세대를 중심으로 트렌드가 된 이 독특한 라이프스타일은 이전 세대의 생각과 좀 다릅니다. 거룩한 삶과 노동 사이에서 고민하는 일하는 목회자들에게 N잡러에 대한 고찰은 많은 인사이트를 제공합니다.

N잡러를
아시나요

온라인 서점에서 N잡러라는 키워드로 검색하면 평이한 제목 옆에 돈과 관련된 자극적인 부제가 많이 등장합니다. '취미로 월 천만 원 버는 법', '부지런한 캐시카우 만들기 프로젝트', '잠자는 동안에 도 돈 버는 법' 등이 그것입니다. 부제는 책에 매력을 부여하기 위한 마케팅 수단이기도 하니 좀 자극적일 수 있겠습니다. 어쨌든 우리는 이를 통해 대중의 돈에 대한 관심과 욕망을 엿볼 수 있습니다.

그렇다면 단지 돈을 잘 벌기 위해 N잡러가 되려는 걸까요? 뜻밖에도 이들의 욕구는 다양합니다. 어떤 이들은 미래에 대한 불안 때문에 N잡러가 됩니다. IT직종 뿐만 아니라 현대의 많은 직업들은 인력 교체 주기가 매우 빠르고, 계속 젊은이들로 대체됩니다. 일정 수준의 교육만 받으면 누구나 배울 수 있는데다, 기업의 입장에서는 연차 높은 숙련자를 고용하는 것보다 경력은 짧지만 꼭 필요한 몫은 해줄 신입이 투입 대비 성과가 높기 때문입니다.

그래서 회사에 들어갈 때는 기분 좋게 들어가지만, 머지않아 새로운 직업군을 찾아야 할지 모른다는 불안이 높아져 다음 스텝을 미리 준비하는 이들이 생겨났습니다. 실제로 새로 익힌 일이 주업이 되고 이전의 일을 자연스럽게 그만두게 되는 경우도 많아졌습니다.

또 파이어족[6]을 향한 꿈으로 N잡러가 되는 경우도 있습니다. 이들의 목표는 물론 조기 은퇴입니다. 그러나 은퇴 이후에 여유 있고 풍족한 삶까지 바라는 것은 아닙니다. 대신 불필요한 소비를 줄이고 안정적인 삶을 통해 젊은 나이부터 돈에 얽매이지 않고 자유롭게 살아가길 기대합니다. 연봉이 높은 직업인 경우에는 생활비를 극단적으로 줄이고 나머지 비용을 저축과 투자로 활용합니다. 그렇지 않은 이들은 전업 외의 부수입을 늘리는 방법을 택합니다. 또 지루하고 따분한 직장생활 대신 자유롭고 역동 있는 프리랜서를 꿈꾸는 이들도 있습니다.

코로나 팬데믹 이후 근무환경이 훨씬 유연해졌지만, 한 곳에 매여 매일 반복되는 삶을 사는 건 크게 다르지 않습니다. 자신 안에 잠재된 다양한 꿈과 끼를 발견한 N잡러들은 흥미롭고 신명나게 살

---

6 경제적 자립, 조기퇴직(Financial Independence, Retire Early)의 첫글자를 따 만들어진 신조어로 소비를 극단적으로 줄이며 투자와 멀티잡을 통해 은퇴자금을 조기에 마련하려는 이들을 가리킵니다. 국내 파이어족의 은퇴 목표시기는 30대말~40대초로, 은퇴 후 자유롭고 마음 편한 삶을 사는 것을 목표로 합니다.

고자 과감하게 직장을 그만둡니다. 이런 이들은 꾸준한 자기계발을 통해 멀티잡을 가진 프리랜서로 살아갑니다. N잡러가 되는 이들의 동기는 다양하지만 결국 각자의 자아실현을 목표로 다양한 직업을 갖게 되는 셈입니다.

한편 일하는 목회자들이 목회 외의 일거리를 갖는 게 터부시되는 것과 달리 MZ세대, 특히 IT계통에서 일하는 이른바 판교 사람들에게 본업 외의 일은 단순히 부업이 아닌 또 하나의 일로 존중받습니다. 이들은 N잡이라는 표현 대신 사이드 프로젝트 혹은 사이드잡이라는 단어를 사용합니다. 이는 본업과 어느 정도 관계된 부수적인 일거리들을 통해 활동하기 때문입니다. 예를 들어 회사에 속한 개발자나 디자이너들이 크몽이나 원티드 같은 곳에서 외부 프로젝트에 참여하기도 하고, 뜻이 맞는 동료를 온라인 커뮤니티에서 만나 아예 창업을 하기도 합니다. 특히 창업지원자금을 적극적으로 활용하는 이들은 최소한의 투자로 1차적인 결과물을 만드는 일에 익숙합니다.

이들 중에는 직간접적으로 창업을 경험한 이들이 많습니다. 그래서 하나의 우물을 깊이 파는 대신 이곳저곳에 구멍을 파두는 방식을 택합니다. 당장의 수익을 기대하기보다는 어떤 가능성을 두고 이런저런 파이프라인[7]을 만들어두는 셈입니다. 그 중 하나에 이른바 잭팟이 터지면, 그 쪽으로 일의 비중을 옮기면 됩니다. 그렇다면 N잡러들이 선택하는 사이드잡 파이프라인에는 어떤 것들이 있을까요?

사이드잡이라는
파이프라인

가장 먼저 노동력을 공유하는 공유경제 서비스를 꼽을 수 있습니다. 흔히 말하는 긱 이코노미(gig economy)는 본래 무대공연에서 공연을 위해 필요한 연주자들을 공연장 인근에서 임시로 섭외한다는 의미를 담고 있습니다. 이는 각 개인이 자신의 노동력을 다른 이에게 빌려주는 방식으로 작동합니다. 누군가에게 지속적으로 고용되기보다는 내가 필요할 때 내가 원하는 시간에 원하는 만큼 일시적으로 고용되는 만큼, 자기주도적인 노동이기 때문에 노동자의 만족도가 높은 편입니다.

해당 분야는 배달 관련 업종이 가장 많은 일자리를 제공하는 것으로 알려져 있습니다. 배민라이더스, 배민커넥트, 쿠팡플렉스, 바

---

7 본래 석유나 천연가스를 수용하기 위해 매설한 관로를 뜻하나, 재테크에서는 수익원을 여러 개 만드는 것을 뜻합니다.

로고 등 음식배달 뿐만 아니라 다양한 분야에서 배달대행이 이루어지고 있습니다. 면허만 있으면 누구나 쉽게 시작할 수 있고, 코로나 팬데믹 이후에 급성장한 시장 덕분에 임금체계가 합리적으로 형성되어 있는 편입니다. 최근에는 근거리에 한해 자전거나 도보를 통한 배달도 인기를 누리고 있습니다. 쉽게 시작할 수 있는데다 시간을 자유롭게 선택할 수 있어 뜻밖에도 고소득 전문직들이 건강관리를 겸해 이 시장에 뛰어든다고 알려져 화제가 되었습니다. 배달업에 대한 인식이 과거와 달라졌다는 이야기입니다.

지식산업 역시 긱 이코노미를 통해 디지털 공유경제 안으로 편입되고 있습니다. 크몽, 원티드, 라우드소싱 등은 편집, 개발, 디자인, 설계 등 전문가의 재능을 필요한 이들에게 연결해주는 플랫폼입니다. 과거에는 디자인, IT 및 프로그래밍 위주의 프리랜서들이 주를 이루었다면, 지금은 영상/사진/음향은 물론 문서, 글쓰기, 컨설팅, 통번역, 마케팅 등으로 분야가 다양해졌습니다. 일반 고용시장은 요구되는 최소한의 전문성이 있고, 그에 맞는 최소한의 인건비가 책정되어 있기 마련입니다. 그러나 이런 플랫폼에서는 자신의 수준에 맞게 금액을 책정할 수 있기 때문에, 전문성이 조금 부족해도 일을 계속하며 성장할 수 있는 길이 열려있습니다.

또 정말 단순한 작업들이지만 다른 사람의 손을 통해 해결하고자 하는 일도 있습니다. 영상 단순 컷편집이나 라이브 중계, 타이핑, SNS 글쓰기 등은 교회 사역과 연결되어 있어 목회자들도 도전할 수 있는 영역입니다. 최근에는 프리랜서 플랫폼이 세분화되고 있습니다. 전문가와 기업을 연결해 프로젝트별로 일하는 매칭 플랫폼 탤런트뱅크, 디자이너와 기업을 연결하는 노트폴리오 등은 기업이 사실상 전문가를 간접고용하는 개념입니다.

지식산업 기반의 긱 이코노미에서는 전공지식이나 업무능력만을 공유하는 게 아니라 취미와 경험 역시 판매의 대상이 됩니다. 숨고는 다양한 분야의 레슨, 인테리어 시공, 공연, 상담은 물론 소품 제작, 아이폰 수리, 목공예 제작 등의 고수를 매칭하는 서비스를 제공하고 있습니다. 이 또한 가볍게 시작해서 자신의 역량을 차차 높여 나갈 수 있다는 장점이 있습니다.

평소 품고 있던 작은 아이디어가 1인 창업으로 이어지기도 합니다. 물론 별도의 개인사업체를 운영해야 하기 때문에 초기 자본이 부담될 수 있습니다. 그래서 임대료나 관리비, 인건비 등이 들지 않아 상대적으로 가볍게 시작할 수 있는 일을 찾아야 합니다. 창업이라고 해서 거창하게 생각할 필요는 없습니다. 사이드잡은 월급보다 적지만 꾸준히 수입이 발생해 용돈 이상의 수익을 낼 수 있는 일이라면 무엇이라도 가능합니다. N잡러들은 좋아하는 일을 하든, 시장의 니즈에 맞춰서 일을 하든, 기존의 고정 수익 외에 추가 수익을 더하는 게 목표이기 때문입니다. 그리고 운이 좋으면 새로운 커리어가 그 일을 통해 시작되기도 합니다.

가장 대중적인 1인창업으로 온라인마켓을 꼽을 수 있습니다. 사업자등록과 통신판매업 신고를 마치면 누구나 스마트스토어를 통해 물건을 판매할 수 있습니다. 간단히 작업하면 결제까지 가능한 템플릿형 홈페이지도 스스로의 힘으로 손쉽게 만들 수 있습니다. 결제 기능을 활용하는 경우에는 소액 혹은 완전히 무료로 이용할 수 있는 서비스도 있습니다. 온라인마켓은 모든 것을 갖추고 시작하지 않아도 됩니다. 만약 사업자등록이 부담된다면, 페이스북이나 인스타그램과 같은 SNS를 통해 시험판매를 진행할 수도 있습니다. 이를 통해 고정고객을 확보하고 난 뒤 사업자를 등록하고 정식으로 창업해도 늦지 않습니다.

흔히 장사를 하려면 상품을 직접 매입해서 판매하는 방식을 떠올립니다. 그러나 온라인 마켓은 오프라인처럼 매장에 직접 물건을 전시하지 않아도 된다는 점을 활용하여 위탁판매, 해외구매대행 등의 방식으로도 운영이 가능합니다. 이러한 방식은 진입장벽이 낮고 재고가 필요 없기 때문에 초기 자본이 들지 않는다는 장점이 있습니다. 또 사업이 잘 되지 않아도 손해 없이 그만둘 수 있기 때문에 상품을 보는 안목, 소비자의 욕구를 읽을 수 있는 감각이 있다면 누구나 시도해볼 만합니다. 그러나 배송이 1~2주 이상 소요된다는 특성을 이해해야 하고, 경쟁업체가 없는 상품을 끊임없이 발굴해야 한다는 점을 기억해야 합니다.

어떻게
준비할까

처음부터 잘 준비된 이들은 없다는 사실은 두려움 많은 일하는 목회자들에게 작은 위로가 됩니다. 그러나 어떤 일을 시작하든 준비가 필요합니다. 사이드잡을 준비하는 이들에게 꼭 필요한 준비는 내가 좋아하고 잘 할 수 있는 일을 찾는 일입니다. 누구나 자신을 잘 알고 있다고 생각하지만, 막상 결정을 내려야 하는 순간에는 자신이 무엇을 좋아하는지 분명하지 않을 때가 많습니다.

그래서 N잡러를 꿈꾸는 이들에게는 일상 속에서 내가 흥미를 느끼고 있는 분야에 대해 경험치를 쌓아두는 게 매우 중요합니다. 작은 경험들이 모이면 실력이 되고, 실력이 모이면 큰 경험을 할 기회로 이어집니다. 너무 고민하고 이리저리 재는 시간을 아껴 작은 경험이라도 꾸준히 축적하는 편이 낫습니다. 그래야 진짜 내가 좋아하고 잘하는 일을 찾을 수 있습니다.

경험을 늘리기 위해 추천하는 방식은 취미를 갖는 것입니다. 목회자들에게 취미가 뭐냐고 물으면 대부분 독서나 영화라고 답하며 뚜렷한 취미가 없다고 말합니다. 사이드잡을 위해서가 아니어도 취미활동은 삶의 질을 위해 무척 중요합니다. 이미 가지고 있는 재능의 목록을 만드는 것도 도움이 되겠습니다만, 오히려 평소 흥미를 느끼는 일들을 짧고 다양하게 경험할 것을 권합니다. 경험해야 재능을 발견할 수 있기 때문입니다.

취미를 찾는 가장 쉬운 방법 중 하나는 무엇인가를 배우는 일입니다. 요즘은 온라인 교육 플랫폼을 통해 무료 또는 적은 비용으로 양질의 학습이 가능합니다. 유튜브라는 지식의 바다에는 없는 정보가 없습니다. 의외로 디테일이 높은 콘텐츠가 많아 취미로 무엇인가를 만들려는 이들에게 큰 도움이 됩니다. 특히 사진, 영상, 디자인 등을 배우려는 이들에게는 툴을 다루는 기초부터 고급 기술까지 모든 정보가 다 있다고 해도 과언이 아닙니다.

'국민내일배움카드'와 같은 정부지원 프로그램을 활용하면 평소 관심이 있던 커피, 제과제빵, 코딩, 디자인, 심리상담과 같은 분야에 대해 무료 또는 저렴한 비용으로 오프라인 교육이 가능합니다.

오프라인 교육의 장점은 만남을 통해 취미를 누군가와 공유할 수 있다는 점입니다. 함께 배우는 이들이 서로를 독려하며 실력만 커지는 게 아니라 관계도 깊어집니다. 또 이런 교육들은 실무를 경험할 수 있는 작은 일자리들을 소개하고 추천해준다는 강점이 있습니다.

좋아하는 일이 잘하는 일이 되려면 꾸준한 연습이 필요합니다. '열심히 연습하세요' 혹은 '꾸준해야 합니다'와 같은 구호도 필요하겠지만, 실제적인 도움이 되기 위해 제가 추천하는 방식은 아카이빙입니다. 하루하루의 성과를 수첩에 기록하는 것도 가능하고, 사진을 찍어둘 수도 있지만, 저는 유튜브 콘텐츠로 만드는 것을 강력하게 추천합니다.

아카이빙이 목적이기 때문에 처음부터 영상을 너무 잘 만들 필요는 없습니다. 이 작업의 목적은 누군가를 의식하며 꾸준함을 유지하는 데에 있습니다. 일주일에 한 번 혹은 두 번이라는 주기를 두고 영상 콘텐츠를 간단하게 만들어 보기를 권합니다. 같은 취미를 갖는 이들 혹은 유사한 재능이 있는 이들과 연결되고, 서로 격려를 주고 받는 과정에서 때로는 작은 커뮤니티가 만들어지기도 합니다. 콘텐츠를 만드는 게 목표가 되면 영상을 통해 자연스럽게 피드백이 일어나고 그 결과에 스스로 만족할 수 있습니다.

취미에서 N잡러로 가는 과정에는 확인이 필요합니다. 물론 해당 기성 플랫폼을 통해 직접 자신을 시장에 내놓는 것도 방법이지만, 조금 더 안전하게 확인하는 방법도 있습니다. 우선 내가 활동하는 SNS를 통해 결과물을 판매해보는 겁니다. 누군가를 가르치는 사람은 레슨을 해주겠다고 하거나 소품을 제작하는 사람은 만든 물건을 올려놓고 판매하겠다고 할 수 있습니다. SNS로 맺은 관계는 나에 대한 작은 신뢰를 기반으로 연결되어 있기 때문에 격려와 함께 적은 건수라도 반드시 주문이 오기 마련입니다. 플랫폼으로서 SNS의 장점은 스토리를 만들어가는 과정을 팔로워들과 실시간으로 나눌 수 있다는 점입니다.

그래서 감성적인 교류가 다른 플랫폼보다 활발하게 일어납니다. 유튜브든, 페이스북이든, 인스타그램이든 그 점은 동일합니다. 빌드업 과정에서 고객으로서의 팔로워들이 주는 의견을 적극적으로 반영할 때 그들은 충성고객이 될 가능성이 높습니다. 직접 구매하든, 공유를 통해 대신 홍보해주든, 그것은 큰 장점이 됩니다.

본격적으로 온라인 비즈니스에 뛰어들기 전에 크라우드 펀딩을 통해 내 제품의 가치를 확인하는 것도 좋은 방법입니다. 크라우드 펀딩은 이미 제작된 상품을 쇼핑몰에서 판매하는 대신 온라인을 통해 다수의 후원자에게 펀딩을 받아 창작물을 만들어 펀딩에 대한 리워드 차원에서 고객에게 전달합니다. 실제 창작물을 제작하기 전에 후원자를 모으고, 확정된 뒤에 제작 및 발송을 진행하기 때문에 수요를 정확히 계산할 수 있다는 점, 그래서 재고에 대한 부담이 없다는 점은 초기 사업 단계에 무척 도움이 됩니다. 또 각 크라우드 펀딩 플랫폼들이 제공하는 고객관리 프로그램들을 통해서 체계적인 펀딩을 진행할 수 있습니다.

이는 이후 본격적으로 온라인 마켓에 뛰어들기 전에 마케팅과 스토리텔링, 고객관리의 중요성을 체험할 좋은 기회가 됩니다. 아이디어는 있지만 실행을 위한 자금이 부족한 이들에게 이는 큰 장점입니다. 만약 자신이 콘텐츠와 스토리를 만드는 일에 익숙하지 않다면, 자체 마케팅 지원 프로그램이나 크라우드 펀딩 대행사를 활용할 수 있습니다. 국내의 대표적인 크라우드 펀딩 플랫폼으로는 와디즈, 텀블벅 등이 있습니다.

오프라인으로도 이와 같은 기회를 가질 수 있습니다. 프리마켓 (free market)에서는 구매자를 직접 만나 일러스트 제품, 각종 굿즈, 향수, 수제 간식, 독립출판물 등을 판매할 수 있습니다. 프리마켓은 새롭고 독특한 제품을 만날 수 있다는 기대감을 가진 구매자와 직접 접촉할 수 있기 때문에 즉각적인 반응을 파악하는 데에 도움이 됩니다. 또 온라인만으로 판매하는 이들도 소비자와 직접 소통할 수 있기 때문에 신규고객을 만나거나 고정고객을 확보하는 데에 도움이 됩니다.

서울일러스트레이션페어나 핸드메이드페어 등은 많은 구매자를 만날 수 있지만, 부스 비용이 부담스러운 경우가 많습니다. 대신 지역에서 열리는 각종 프리마켓 관련 페어들은 부스뿐만 아니라 책상, 의자 등의 기본 물품을 제공해준다는 장점이 있습니다. 다만 프리마켓은 온라인 마켓과 달리 신경써야 할 부분이 많습니다. 온라인에서는 템플릿을 활용한 각종 사진이나 배너만 잘 만들면 되지만, 오프라인에서는 제품뿐만 아니라 포장, 홍보물, 부스세팅 등을 훨씬 세심하게 신경써야 합니다. 고객과 직접 만나기 때문에 수익률도 좋고 소통하는 즐거움도 있으므로 프리마켓 참가는 적극 권할 만합니다.

6장

목사님,
어느 쪽이 본캐인가요?

바야흐로 부캐만사성의 시대입니다, '놀면 뭐하니'의 유재석은 트로트 가수 '유산슬', '라섹(라면 끓이는 섹시한 남자)', '유르페우스', 싹쓰리의 '유두래곤' 등으로 부캐신드롬을 견인했습니다. 개그우먼 김신영은 '다비이모'라는 부캐로 새로운 전성기를 맞았습니다. 비가 많이 오는 날 태어나 다비라는 이름을 얻게 되었다는 다비이모는 자신을 사연 많은 둘째 이모라고 소개하기도 합니다.

그녀는 다비이모라는 부캐에 대해 실제 자신의 둘째 이모에서 영감을 받았다고 밝혔는데, 천연덕스러운 연기에 실제 김신영의 이모로 착각하는 시청자들도 있다고 합니다. 그 외에도 핑크색 복면을 쓰고 활동하는 정체불명의 래퍼 마미손은 사실 유명 래퍼인 매드클라운의 부캐로 알려져 있습니다.

그러나 부캐 열풍의 원조는 뜻밖에도 MBC의 간판 예능 프로그램이었던 '무한도전'입니다. '무한상사'나 '행쇼' 등의 시리즈에서 출연자들은 각자의 역할에 몰입해 주어진 상황에 맞게 자연스럽게 연기했는데, 이것이 일종의 부캐였던 셈입니다. 오늘날 유튜브를 통해 우리에게 친숙해진 웹드라마의 연기자들은 기본적으로 몇 개의 부캐를 가지고 있습니다.

부캐만사성의 시대

부캐라는 말은 사실 온라인 게임에서 시작되었습니다. 게임을 하다 보면 자신이 육성하던 주 캐릭터(본캐) 외에 서브 캐릭터(부캐)를 운용하게 됩니다. 여기에는 몇 가지 상황과 이유가 있습니다.

첫째로 본캐가 질리는 경우입니다. 하나의 캐릭터로 게임을 하다 보면, 다른 캐릭터를 선택해서 처음부터 다시 해보고 싶어집니다. 이 때문에 게임제작사들은 다양한 캐릭터를 제공하고, 각자의 특징과 밸런스를 설정하는 일에 많은 공을 들입니다. 캐릭터에 따라 이야기의 진행이 완전히 달라지는 경우도 있습니다.

둘째로 제대로 처음부터 다시 시작하고 싶어서입니다. 처음 게임을 하면서 주 캐릭터를 정해 게임을 완주하면, 아무래도 빠진 부분들이 발생하기 마련입니다. 혹은 제작사가 게임을 일부러 그렇게 만들기도 합니다. 그래서 제대로 꼼꼼하게 다 해보기 위해 새로운 캐릭터를 부캐로 선택하게 됩니다.

셋째로 본캐에 도움을 주기 위해 부캐를 키우기도 합니다. 게임에 따라서는 하나의 계정 안에서 여러 캐릭터를 동시에 키울 수 있는데, 각각의 캐릭터가 골드(게임 속의 돈)나 아이템을 만들 수 있는 재료를 함께 모을 수 있기 때문입니다.

끝으로 재미를 위해 부캐를 육성하기도 합니다. 하나의 캐릭터에 만족하지 못하고 새로운 캐릭터를 통해 새로운 즐거움을 경험하기 위해서입니다. 게임제작사의 입장에서는 사용자들에게 다양한 경험을 주어야 하므로 캐릭터를 다양하게 만들어두고, 유저들이 이를 돌아가며 혹은 동시에 여럿을 활용하게 할 필요가 있기 때문입니다.

현실 속에서도 부캐가 존재합니다. 앞서 살펴보았던 N잡러의 경우, 주업으로 삼은 일을 마치고 나면 다양한 부캐가 서로 다른 영역에서 일하거나 활동할 수 있습니다. 또 직업의 영역에 국한되지 않는다는 점에서 N잡러와는 구별됩니다. 게임 속에서만 존재하던 부캐가 현실세계에 등장하게 된 것은 게임 속에서의 이유와 크게 다르지 않습니다.

2020년 말에 실시한 잡코리아와 알바몬의 조사에 따르면, 부캐 문화를 긍정적으로 여기는 이들이 이를 긍정적으로 보는 첫 번째 이유로 '다양한 자아 정체성을 표출하기 위해서'(53.1%)를 꼽았습니다. 그 외에도 '새로운 자아 발견'(41.0%), '현실에 포기된 꿈 및 취미 실현'(30.2%) 등의 응답이 있었습니다. 또 부캐를 가지고 싶은 이유를 물었더니 1위가 '또 다른 자아를 표출하기 위해'(43.7%), 2위는 '퇴근 후 모드 전환'(35.2%) 3위는 'SNS 부계정 운영을 위해'(32.9%) 4위는 '좌절되었던 꿈을 실현하기 위해'(18.7%)를 꼽았습니다. 현실 세계에서의 욕구가 가상의 세계인 게임 속에서와 크게 다르지 않은 셈입니다.

멀티버스와
세계관 이야기

본격적으로 부캐 이야기를 나누기에 앞서 우리는 멀티버스와 세계관에 대해 이해할 필요가 있습니다. 멀티버스(multiverse)는 본래 물리학에서 다중우주론으로도 불리며, 급팽창이론, M이론, 양자역학 등을 설명하기에 유용한 개념으로 여겨집니다.

간단히 설명하면, 이는 우리가 살고 있는 우주 한 개 뿐만 아니라, 서로 다른 일이 일어나는 여러 개의 다중 우주가 사람들이 알지 못하는 곳에서 무한하게 존재한다는 가설입니다. 그러나 물리학에 관심이 없는 이들에게도 멀티버스는 비교적 익숙한 개념이 되었는데, 이는 '어벤져스'로 대표되는 마블 시네마틱 유니버스(MCU)의 등장 덕분입니다. 이 시리즈에 등장하는 캐릭터들은 시공간을 마음껏 넘나들며 각기 다른 시간과 공간에서 벗어나 또 다른 우주에 도착해 자신들의 임무를 수행합니다.

이 시리즈가 이러한 독특한 세계관을 갖게 된 이유가 재미있습니다. 이는 제작사인 마블이 다양한 캐릭터의 판권을 사들이며 각각의 캐릭터에 축적된 이야기들이 충돌하지 않은 채 한 곳에서 만나 새로운 이야기를 펼쳐나가도록 하기 위해서입니다. 결국 자신들이 가진 지적재산권을 최대한 활용하기 위해 탄생한 개념이 바로 이 멀티버스라는 세계관이지만, 이것이 부캐 열풍과 어우러지면서 새로운 현상으로 이어지고 있습니다.

우리가 흔히 말하는 세계관은 어떤 지식이나 관점을 가지고 세계를 근본적으로 인식하는 방식이나 틀을 가리킵니다. 그러나 부캐를 이야기할 때 세계관은 각각의 캐릭터들이 살아가고 활동하는 하나의 세계가 가진 콘셉트 혹은 상황을 가리킵니다. 2021년 대한민국 유튜브 시장을 뜨겁게 달군 채널 '피식대학'은 이를 기막히게 활용한 사례입니다. '피식대학'에는 진짜보다 더 진짜 같은 콘셉트의 코너들이 여럿 있습니다. 중년 등산모임이 콘셉트인 '한사랑산악회', 여성들이 거부할법한 남성들과 비대면으로 만나는 콘셉트인 'B대면데이트', 영상 필터를 사용해 비현실적인 외모를 가지고 있는 아이돌 콘셉트인 '매드몬스터'등을 보다 보면, 이게 상황극인지 현실인지 헷갈릴 정도입니다. 그만큼 스토리가 탄탄하고, 각각의 캐릭터가 주는 몰입감이 뛰어납니다.

중요한 것은 이들의 세계관이 멀티버스처럼 서로 연결되기도 하고 서로에게 영향을 준다는 점입니다. 한사랑산악회, 05학번이즈백, B대면데이트, 매드몬스터는 각각 다른 코너의 캐릭터와 가족관계 혹은 지연 등으로 연결되어 있습니다. 별것 아닌 것 같은 설정이지만, 이러한 설정이 조밀하고 탄탄할수록 이야기에 대한 몰입도는 높아집니다. 시청자들은 그 연결을 따라가는 즐거움을 부수적으로 얻게 됩니다. 사실상 개그계의 MCU나 다름없습니다.

일하는 목회자와
부캐

목회 외에 또 다른 직업을 가지고 살아가는 일하는 목회자는 다양한 캐릭터로 살아갑니다. 예를 들어볼까요. 이춘수 목사는 남양주시 별내동에서 아내와 함께 '오롯이서재'라는 동네책방을 운영합니다. 동시에 장례지도사로서 '오롯이상조'라는 상조회사도 운영합니다. 이목사가 운영하는 동네책방 '오롯이서재'는 책을 유통하는 서점과 달리 책과 함께 공간 이용권을 판매하며 수익을 냅니다. 또 책과 공간을 매개로 북클럽, 북콘서트, 음악회, 전시회, 원데이 클래스와 같은 다양한 커뮤니티활동을 이웃과 함께 기획합니다.

'오롯이서재'가 이웃들과 더불어 삶을 통해 하나님나라를 나누는 현장이라면 '오롯이상조'에서는 죽음을 통하여 하나님나라를 나눕니다. 그는 기독교 신앙의 핵심인 부활이 죽음과 장례의 현장에서 가장 극명하게 드러난다고 믿기 때문입니다. 장례지도사로서 이목사는 죽은 이의 몸을 씻기고 수의를 입히며 한 사람의 죽음과 삶을 정돈합니다. 이 땅에서 더 이상 살 수 없는 그의 죽음과 부재를 오롯이 드러내고 확정함으로써 새로운 하나님나라에서의 부활과 삶을 유가족에게 소망으로 전합니다. 이목사는 장례지도사이자 목회자로서 상품과 서비스로 간주되는 장례 현장에서 종교 의례로서의 기독교 장례를 새로운 문화 맥락으로 만들어가고 있습니다.

한편 그는 조직 교회를 떠난 '가나안 성도'들과 더불어 교회 밖 하나님나라를 탐험하는 선교형 교회, '탐험하는교회'를 세워가는 목사이기도 합니다. 탐험하는교회에서 이목사는 담임목사 대신 셰르파 목사라는 호칭으로 불립니다. 그는 교회를 떠난 성도들이 일터에서 그들과 함께 일하시는 하나님을 경험하며 함께 하나님나라를 이루어가기를 소망합니다. 그래서 이목사는 가르치고 이끄는 대신 삶의 현장에서 그들의 어깨에 걸린 짐을 덜어주고 격려하며 조언하는 셰르파의 역할을 자처합니다. 탐험하는교회의 교인들이 자기 삶의 탐험대장이신 하나님을 주도적으로 바라보며 따라갈 수 있도록 뒤에서 돕는 것을 목회소명으로 여기기 때문입니다.

전통적인 목회에 익숙한 이들에게는 그가 혹 단지 자영업자로 보일지 모릅니다. 그러나 그는 책방(삶)과 장례(죽음)를 통해 교회 밖, 선교적 현장에서 다양한 부캐로 살아가는 새로운 목회, 선교적 캐릭터입니다.

이규원 목사(씨앗교회)는 어느 날 한 해를 회고하며 자신의 역할을

SNS에 다음과 같이 정리했습니다. 그는 1~4월은 카페아저씨, 4~8월은 에어컨 기사, 10~12월은 공사현장의 노동자로 살아왔습니다. 에어컨 일의 경우, 2020년 코로나가 시작되며 작은교회 목회자들의 생계가 불안정해지자, 인근의 목사들과 에어컨 청소를 배워 함께 일하게 되었습니다. 성수기 외에는 다른 수입이 필요하므로 그는 공사현장의 노동자로도 일하기도 합니다.

물론 각각의 자리에서 그는 주어진 역할에 최선을 다합니다. 일터가 달라질 때마다 서 있는 자리가 달라지지만, 매 순간 한 사람의 그리스도인으로서 성실히 일합니다. 또 맡겨진 거룩한 공동체의 목사로서 목양에도 최선을 다합니다. 삶의 자리는 다양하지만, 책임 있는 그리스도인으로 또 목회자로 살아가는 이러한 태도야말로 자신의 정체성이라고 그는 고백합니다. 그가 가진 다양한 부캐들이 모두 진실되고 의미있는 이유는 각각의 역할들에 충실하기 때문입니다.

일하는 목회자들이 겪는 가장 큰 어려움 중 하나로 저는 정체성의 혼란을 꼽곤 합니다. 삶의 자리가 버거운 순간마다 그 무게로 인해 때때로 자신이 노동자인지, 목회자인지 아닌지 헷갈리기 때문입니다.[8] 멀티버스와 세계관 이야기는 이런 상황을 이해하는 데에 도움이 됩니다. 우리 안에 축적된 목회자로서의 정체성과 삶,

직업인 혹은 전문인으로서의 그것은 서로 따로 존재하면서도 사실상 하나에 다름 아닙니다. 각각의 역할에 충실해질수록 우리는 그것들이 서로 유기적으로 그리고 정밀하게 연결되어 있음을 경험하게 됩니다. 노동자로서의 삶과 목사로서의 삶은 그래서 뚜렷하게 구별할 수 없습니다. 성과 속 사이에 진한 선을 그어 그 둘을 분리하려 노력해도, 어느 날 우리는 그 둘이 어떻게든 이어져 있음을 깨닫게 됩니다.

그것은 각각의 캐릭터가 가진 스토리가 충실할수록 더욱 그렇습니다. 그리고 그 각각의 이야기가 진하고 솔직할수록 우리는 또 다른 삶을 살아가는 성도들과 더 깊이 공감하며 공명할 수 있습니다. 일하는 목회자가 가진 또 하나의 유익입니다.

우리가 부캐로 살아가는 이유는 여전히 다양합니다. 누군가는 단지 생계와 교회를 유지하기 위해 일을 시작합니다. 목회자로 살아가며 취미로 시작한 일들이 반쯤 직업이 되는 경우도 있습니다. 간혹 일을 통해 성도들의 삶을 공감하려고 가볍게 일하기 시작하

---

8 물론 우리가 성직으로 여기는 목회 역시 또 다른 형태의 노동입니다. 그러나 우리가 목회자라는 정체성을 붙들고 이를 특별한 소명으로 여기는 한, 가장 높은 우선순위를 갖는 건 목회활동입니다. 그 때문에 여전히 목회는 다른 노동과 구별됩니다. 반면 일하는 목회자들의 대부분은 생계를 바로 그 노동을 통해 해결합니다. 시간으로나 노동 강도로나 목회의 분량이 자꾸 줄어드는 경험을 하면서, 고독이 찾아올 때 많은 일하는 목회자들은 정체성의 혼란을 경험합니다.

는 이들도 있습니다. 교회공동체에 함께 하는 이들에게 작은 일자리라는 비빌 언덕이 되어주기 위해 일을 시작하는 이들도 있습니다. 목회자로 살아가느라 잊어버린 오래된 꿈을 위해 새로운 일에 도전하기도 합니다. 또 은퇴 이후의 삶을 미리 준비하기 위해 노동하는 이들도 있습니다.

이렇게 시작한 일들은 결코 그 자리에 머물지 않고 새로운 삶과 열매로 이어지고야 맙니다. 진지하고 성실한 삶은 함께 하는 이들, 지켜보는 이들에게도 크고 작은 도전이 되며, 우리 안에 내주하시는 그분과 그분의 나라에 관심을 갖게 합니다. 같은 공동체에 속한 이들에게는 더욱 진한 감동이 되는 것은 물론입니다.

일하는 목회자
유니버스

그런 의미에서 우리가 일하는 목회자로서 써내려가는 이야기는 자연스럽게 독특한 유니버스, 하나의 세계관을 형성합니다. 물론 그것은 필연적으로 개인 간에 차이가 납니다. 어떤 이들은 일하는 목회자가 노동에 너무 많은 에너지를 소모하는 일을 선택해서는 안 된다고 말합니다. 그러나 누군가에게 노동은 그 자체로 신성한 일이며, 창조하시는 하나님의 섭리에 한 걸음 더 가까이 다가가는 과정입니다. 또 다른 이들은 일하는 목회자들에게 일은 돈을 벌기 위한 하나의 수단일 뿐이라고 말합니다. 그러나 누군가에게 일은 하나님의 선교에 참여해 그분과 동역하는 선교적 삶 그 자체입니다.

예전에는 주어진 역할 한 가지에 충실한 것만이 정답이었습니다. 가장 잘 할 수 있는 일과 가장 좋아하는 일 사이 어딘가를 찾아내는 일이 중요했습니다. 그러나 이제 우리는 위아래로만 이어진 사다리가 아닌 정글짐에서 놀이하는 어린아이와 같습니다.[9] 다양한 기회와 경험을 조합하면서 내 안의 다양한 직업적 흥미와 능력을 바탕으로 자유롭게 상하좌우를 넘나들 수 있어야 합니다. 일과 취미의 경계도 점점 모호해집니다. 취미로 하던 일들이 내 새로운 업이 되기도 하고, 사이드 프로젝트로 진행하던 일이 어느새 본업이 되기도 합니다.

경계가 사라지는 세상에서 하나의 모습만이 정답이라고 주장할 수는 없습니다. 사람들은 제게 묻곤 한다. "당신은 목사이면서 정치인이고, 지역활동가이면서 콘텐츠 크리에이터입니다. 당신에게 무엇이 부캐이며 또 무엇이 본캐입니까?" 과거에는 이런 질문

---

9 김호, 〈커리어 피버팅 어떻게 해야 하나〉, 동아비즈니스리뷰 313호 , 2021년 1월 Issue 2.

에 제 정체성과 그 본질은 언제나 목회자이며, 다른 것들은 부캐에 지나지 않는다고 답하곤 했습니다. 그러나 이제는 오랜 경험을 통해 각각 구축된 세계가 날마다 단단해짐을 경험하며, 그 모두가 긴밀하게 이어져 저 자신을 이루고 있음을 고백합니다.

우리의 삶자리 안에서 활동하는 캐릭터들이 견고할수록 사람들은 우리의 세계관에 관심을 갖고 우리에게 다가옵니다. 일하는 목회자 유니버스는 크리스천에게는 복음을 가슴에 품은 이들이 교회 밖에서 어떻게 의미있게 살아갈 수 있는가에 대해 교훈을 주는 유익한 이야기이며, 비신자에게는 희망이 사라진 시대에 산 소망을 가진 이들이 여전히 우리 가운데 있음을 증명하는 신비한 이야기가 됩니다.

이전처럼 하나의 영역에서 전문성을 갖고 일하는 이들은 그 영역에서 만나는 이들과 멀티버스를 만들어가고, 긱 이코노미에 편입된 이들은 다양한 영역에서 살아가는 이들과 조금 더 폭넓은 멀티버스를 형성합니다. 그런 이들이 함께 모여 만들어가는 교회 생태계는 당연히 이전보다 더 말랑하고 부드럽게 다양한 이들을 품어낼 수 있을 것이며, 훨씬 더 풍부한 이야기를 써내려갈 수 있을 것입니다.

'덕질'로서의
목회

끝으로 이러한 멀티 페르소나 시대에 저는 오히려 일하는 목회자들에게 목회를 '덕질'의 영역에 두라고 권하고 싶습니다. 덕질은 덕후질의 줄임말로 특정 분야에 있어 단순한 취미를 넘어 오타쿠 수준에 이르기까지 열정적으로 즐기는 행위를 가리킵니다. 본래 일본에서 오타쿠라는 말은 상당히 부정적으로 사용되지만, 요즘 많이 쓰는 '덕후'라는 단어는 어느 한 취미나 활동에 푹 빠져 있는 상태를 가리키는 말입니다. 덕후는 일본어인 오타쿠를 한국식 발음으로 바꿔 부르는 오덕후의 줄임말이구요.

과거에는 목회활동이 교회에 출근해서 목양실에 종일 앉아 설교를 준비하고, 하루도 쉬지 않고 심방을 다니는 방식으로 이루어졌습니다. 그러나 이제는 목회의 전문성이 자리를 많이 지키는 데에만 있지 않음을 압니다. 목회환경도 많이 바뀌었습니다. 현대도시문명이 가속화될수록 회중예배를 드리는 횟수는 점차 줄어듭니다. 공동체의 규모도 다양해져 아주 작은 규모의 마이크로처치도 존재합니다. 삶의 공간을 과거처럼 많이 내어줄 것을 요구하는 교우들도 줄어듭니다.

한편 일하는 목회자들에게 시간은 더욱 귀한 자산입니다. 정규직이든, 비정규직이든, 자영업이든 심지어 긱 워커[10]라고 해도 목회에 쏟아낼 시간이 줄어드는 건 더욱 그렇습니다. 일하는 시간이 늘어나면 목회에 전념하는 시간은 자연히 줄어듭니다. 그렇게 시간이 줄어들고 여유가 사라져도 진짜 하고 싶은 일, 좋아하는 일이라면 어떻게 해서든 하는 사람들이 덕후이고, 그런 행위를 우리는 덕질이라고 부릅니다.

물론 목회를 취미삼아 가볍게 여기라는 말은 결코 아닙니다. 누군가에게는 취미로 그칠 수 있는 일에 사명감에 가까운 열정을 불태우며 과몰입하는 이들을 덕후라고 부르는 것처럼, 살아가며 혹은 일하는 짬짬이 시간을 내어 어떻게든 필요 이상의 에너지를 목회 활동에 투입할 수 있어야 일하는 목회자로 살아갈 수 있음을 기억하라는 의미입니다. '덕질'은 그럭저럭 혹은 대충하는 사람에게 붙이는 말이 아닙니다. 그 분야에 몰입하다 못해 전문가 이상의 퍼포먼스를 내어 주는 이들을 우리는 비로소 '덕후'라고 부릅니다. 신학자는 아니지만 신학에 몰두해 신학자 이상으로 소양을 쌓고, 일주일 내내 심방을 다니지는 못하지만, 사람에 대한 관심과 사랑을 함께 하는 소수의 성도들에게 쏟아보라는 이야기입니다.

---

10 긱 워커(Gig worker) : 긱 이코노미 생태계에서 종사하는 단기계약 노동자.

무엇이 진정한 '나'인지를 결정하는 것보다 더 중요한 것은 그래서 내 안에 형성된 이야기가 얼마나 흥미롭고 또 설득력 있는가입니다. 정체성을 고민하기 이전에 우리 자신이 충분히 목회에 '덕질'을 하고 있는지 돌아보길 권합니다. 그리고 기왕이면 '성공한 덕후'가 되기를 진심으로 축복합니다.

7장

일하는 목회자와
사회적 경제

1년이면 수십 차례 다음과 같은 문의를 받곤 합니다. "저희가 이번에 사회적협동조합을 설립하려고 합니다. 어떻게 하면 될까요?" 질문에 대한 저의 답은 한결같습니다. "어떤 목적으로 사회적협동조합을 설립하려고 하시는 걸까요?" 사회적협동조합만이 아닙니다. 사회적기업이나 협동조합, 마을기업, 자활기업 등 이른바 사회적 경제조직에 관심을 갖는 분들이 증가하고 있습니다. 이를 설립하고자 하는 의지는 모두 강합니다. 그러나 많은 경우, 이에 대한 기초적인 학습 없이 사회적 경제조직의 유형부터 정해놓고 접근합니다. "김목사처럼" 혹은 "그 교회처럼"이랄까요. 특히 일부는 사회적 경제에 대한 정부의 지원정책들을 매력으로 느끼고 접근하는 경우가 많은데, 막상 시작하고 난 뒤에야 생각처럼 큰 지원이 이루어지지 않는 것을 확인하고 실망하기도 합니다. 게다가 정부지원은 그에 따르는 대가도 만만치 않습니다.

물론 사회적 경제와 목회는 아주 가까운 사이임엔 분명합니다. 그러나 일하는 목회자들에게 사회적 경제는 어떨까요? 자영업보다는 더 많은 지원이 이루어지니 꼭 필요한 걸까요? 본 글을 통해 사회적 경제조직을 기반으로 활동하고자 하는 교회와 목회자들에게 꼭 필요한 기초적인 개념과 반드시 고려해야 할 점 등을 구체적인 사례와 함께 설명하고자 합니다.

사회적 경제,
문제를 해결하다

사회적 경제에 대해 4강 정도로 나누어 강의할 기회가 있으면 첫 번째 시간은 반드시 기업과 자본주의의 역사에 대해 설명합니다. 여기에 대한 이해가 있어야 왜 사회적 경제가 탄생하게 되었는지를 말할 수 있기 때문입니다. 유사 이래 기업의 첫 번째 목적이 이윤창출이라면 사회적 경제의 첫 번째 목적은 사회문제 해결 혹은 사회적 가치의 달성입니다. 이런 면에서 사회적 경제조직은 비영리조직과 유사한 목적을 갖습니다. 그러나 비슷한 목적을 가진 다른 비영리조직과 분명하게 구별되는 점이 있습니다. 사회적 경제에서 '경제'라는 단어가 함의하는 것은 결국 비즈니스를 통해 먹고 사는 문제와 집단의 다양한 욕구를 충족한다는 점입니다. 판매하는 물건이나 제공하는 서비스를 통해 사회적 문제를 해결하는 과정은 고도의 경제활동을 전제로 합니다. 비즈니스가 원활하게 이루어져야 사회적기업이 존속 가능하며, 사회적 목적도 이룰 수 있습니다.

예를 들어 '이주노동자를 돕자'라는 사회적 미션을 생각해봅시다. 사단법인이라면 출연받은 재산이나 후원금 등을 통해 관련 학교를 설립한다거나 이들을 위한 인권활동 등을 직접 펼쳐나갈 것입니다. 사회적기업이라면 어떨까요? 최의팔 목사는 오랜 시간 이주노동자를 위한 인권활동을 펼쳐오다 이들을 돕기 위한 외국인노동자센터를 설립, 운영해왔습니다. 그러던 중 한국에서 다쳐 장애를 입거나 병을 얻어 고국으로 돌아간 이들을 도와야 할 필요를 느끼게 되었습니다. 이들은 번 돈을 다 병원비로 써야 하거나 귀국 후 일자리가 없어 생활고를 겪기도 했습니다. 최목사는 이들을 돕기 위해 2009년 '트립티'라는 비즈니스를 시작했습니다.

공정무역 사업단을 설립하고 그해 5월 원두 로스팅 공장을 세운 트립티는 태국 치앙마이에 현지법인을 설립해 난민 자녀들을 교육시키기 위한 직업학교와 카페를 운영하기 시작했습니다. 그렇게 해외에 설립한 법인은 태국에 이어 베트남, 네팔에 이릅니다. 국내에서는 6개의 직영카페를 통해 본국으로 귀환을 준비하는 외국인 노동자들에게 커피를 가르치고 일자리를 제공합니다. 또 수익금의 일부를 외국인노동자센터에 기부하고, 한국에서 일하다 다쳐 장애나 병을 얻은 이들을 돕습니다. 트립티는 2014년 서울시 예비사회적기업에 지정되었으며, 2017년 사회적기업 인증을 받았습니다. 트립티의 사회적 목적인 이주민의 삶의 질을 높이고, 공정무역을 활성화하며, 소외계층에게 일자리를 제공하기 위해서는 트립티의 비즈니스가 성공해야 함은 물론입니다.

이런 이야기를 가장 먼저 꺼내는 이유는 사회적 경제의 기업가정신 중 특히 경제적 유지가능성을 강조하기 위해서입니다. 가장 흔한 오해가 사회적 경제조직이 오직 비영리적인 일을 하고 재정적 손해를 감수해야 한다는 잘못된 가정들입니다. 수익은 오히려 사회적 경제조직의 가장 중요한 요소 중 하나입니다. 이윤을 창출해야 사회적문제를 해결할 수 있습니다. 수익이 있어야 기업이 성장하고, 고용도 창출하게 됩니다. 그렇지 않으면 스스로를 유지하거나 보호할 수조차 없습니다.

그래서 정부나 중간지원조직이 제공하는 사회적기업가 육성프로젝트는 단순히 창업공간을 제공하고 창업자금을 지원하는 것 외에도 멘토링과 사업화에 필요한 기초교육을 제공합니다. 이후에도 경영지원이나 경영컨설팅, 유통망 구축 등을 돕는 이유가 여기에 있습니다. 만일 사회적 경제조직을 설립하려는 목회자가 있다면, 자신이 얼마나 비즈니스에 대한 경험을 갖고 있는지 혹은 기업가정신이 얼마나 확고한지를 점검해봐야 합니다. 단지 사회적 목적만을 가지고 사회적 경제조직을 운영하는 것은 경계해야 합니다. 배워나가면서 하기에 사회적 경제조직은 많은 자원과 열정을 필요로 하기 때문입니다.

사회적기업

사회적 경제조직을 구분하는 다양한 방식이 있지만, 국내의 관련 법은 이를 크게 네 가지로 나눕니다. 첫째로 사회적기업은 취약계층에게 일자리를 제공하거나 지역사회에 공헌하는 등 사회적 목적을 추구하는 기업을 가리킵니다. 사회적기업을 간단히 설명하면, 일반 영리기업과 비영리법인의 중간 형태라고 정리할 수 있습니다. 본질적으로는 사회적 목적을 우선적으로 추구하지만, 구조나 조직, 운영은 물론 영업활동을 통해 재화 및 서비스를 생산 및 판매한다는 점에서 영리기업과 다르지 않습니다. 보통은 취약계층을 고용하거나 취약계층에게 관련 제품 및 서비스를 제공하는 형태가 가장 일반적입니다.

간혹 사회적기업을 주식회사나 협동조합 등의 법인 유형으로 구별하곤 하는데, 그것은 옳지 않습니다. 또 영리조직 뿐만 아니라 영리활동을 하는 비영리조직 역시 그 대상이 될 수 있습니다. 사회적기업이 되기 위해서는 고용노동부의 인증조건을 충족해야 합니다. 다섯 가지 유형이 있는데, 취약계층 50% 이상을 고용해야 하는 일자리 제공형이 전체의 70%를 차지하고 있으며, 사회서비스 제공형, 혼합형, 지역사회 공헌형, 창의혁신형 등이 그 뒤를 잇습니다. 또 사회적기업 지정 이전에 필요에 따라 3년의 예비사회적기업으로 지정받을 수 있습니다.

사회적기업이 추구하는 사회적 목적으로 가장 보편적인 것은 일자리 창출입니다. 자본주의 사회에서 일자리 창출은 최고의 복지로 여겨집니다. 누군가의 삶의 질을 높이고 삶을 안정시키기 위해서는 건강한 일자리가 필요하기 때문입니다. 그래서 사회적기업은 예비사회적기업을 포함해 최대 5년간 일자리창출사업의 지원을 받을 수 있습니다. 일자리창출사업은 사회적기업이 신규 일자리를 창출할 수 있도록 인건비와 시설비 등을 지원하는 사업입니다. 사회적기업은 예비사회적기업으로 지정된 후 3년 이내에 사회적기업으로 인증을 받으면 최대 5년간 일자리창출사업의 지원을 받을 수 있습니다. 일자리창출사업 지원을 통해 사회적기업은 신규 일자리를 창출하고 취약계층의 고용률을 높이는 데 기여할 수 있습니다. 일자리지원의 경우 대표자나 등기임원의 배우자 및 형제, 직계존비속은 부정수급에 해당하기 때문에 주의를 요합니다.

'콩세알'은 강화의 대표적인 사회적기업으로 농촌형 사회적기업 1호로 꼽힙니다. 공동체적이고 생태적인 삶을 지향했던 서정훈 목사는 부친의 병환 간호를 위해 고향인 강화로 돌아오게 되었습니다. 서울에서 생활협동조합을 경험한 서목사는 친환경농업을 시도하다 2005년에 '일벗 생산공동체'를 만들어 친환경농업 농가들과 작목반을 구성하고 공동작업 수매/판매를 진행하게 됩니다. 이후 농업회사법인 '콩세알'은 취약계층 일자리제공, 지역의 친환경 농가 지원, 귀농인 교육 등을 통해 사회적기업으로 인증을 받았습니다. 대표적인 제품인 전통 가마솥 방식으로 생산하는 무첨가두부는 한살림생협에 지금까지 납품할 정도로 뛰어난 품질을 자랑합니다. 서목사는 강화지역 내 친환경작목회, 공동농장 등은 물론 직원 공동주거 마을을 조성해 공동체를 형성하고 있으며, 발달장애인 직업재활 프로그램에도 참여하고 있습니다. 하나의 사회적기업이 마을은 물론 강화지역 전체에 선한 영향력을 미치는 셈입니다.

협동조합

협동조합의 가장 큰 특성은 공동소유와 민주적 운영에 있습니다. 사업체이기에 영리사업을 통해 이윤을 추구하지만, 설립자 한 사람이 아니라 조합원 모두의 필요와 바람을 충족하기 위해서입니다. 일반적인 주식회사는 출자금의 규모에 따라 의결권을 갖는 것에 반해 협동조합은 출자금액과 상관없이 1인 1표로 의사를 결정하고, 이용규모를 기준으로 이익배분과 배당이 이루어진다는 점이 다릅니다. 또 협동조합 기본법에서는 협동조합의 정의에 "…등을 협동으로 영위함으로써 조합원의 권익을 향상하고 지역사회에 공헌하고자 하는…"이라고 그 공공성을 밝히고 있습니다.

또 협동조합은 이해당사자 비즈니스로서 이용자 조합원이 소비자라면 구매비용을 줄이는 게 목표가 되고, 이용자 조합원이 직원이라면 급여와 복리후생을 높이는 것이 협동조합의 목표가 됩니다. 특히 협동조합은 개인의 출자한도에 제한이 있어 1인이 총 출자금액의 30%를 초과하지 않도록 법으로 제한하고 있습니다. 또 출자금에 대한 배당은 10% 이하로 제한되어 있는데, 사회적협동조합의 경우 아예 배당이 없습니다. 반면 이용실적에 따른 배당인 이용배당이 출자배당에 우선하며, 배당금의 50% 이상을 이용실적 배당하도록 규정하고 있습니다.

인가가 필요한 사회적기업이나 사회적협동조합에 비해 협동조합은 5명 이상의 발기인이 모여 신고와 등기를 통해 설립되기 때문에 설립이 간편하고 빠르다는 장점이 있습니다. 그러나 개인사업자와 비교해 협동조합은 법인이기 때문에 사업목적과 임원의 변경, 사무소 이전, 출자금의 증감에 대해 등기부를 정확히 관리해야 합니다. 의사록을 만들고 공증을 받아야 하며 등록면허세를 납부해야 합니다.

법인세 및 부가가치세의 신고와 납부의 의무도 있습니다. 협동조합의 운영은 협동조합 기본법과 정관에 따르는데, 정관은 협동조합의 최고 의결기관인 조합원총회를 통해 변경 가능합니다. 조합원총회는 조합원 과반수 이상의 참석과 과반수 이상의 동의에 의해 의사를 결정하는데, 정관변경, 해산 및 합병, 조합원 제명, 지분환급 등은 참석자의 2/3 이상의 동의가 필요합니다.

다시 말해 협동조합은 사회적 경제조직 중 가장 간편하고 빠른 설립이 가능하지만, 동시에 운영이 매우 복잡하다는 단점이 있습니다. 민주적 운영은 마땅히 의견대립과 갈등을 전제로 하며 그만큼 효율이 떨어질 수 있음도 주지해야 합니다. 실제로 등록된 협동조합 중 해산을 위한 총회를 열지 못해 유령처럼 존재하는 조합도 다수라고 하니 협동조합 운영을 지나치게 이상적으로 생각해서는 곤란합니다.

협동조합의 설립을 주도하는 발기인들은 대부분 임원으로 활동하게 됩니다. 임원은 이사장과 이사, 감사로 구성되는데, 이사는 이사장을 포함 3인 이상이어야 하며 감사는 1명 이상이어야 합니다. 그래서 이론상 5명 이상의 발기인에 그 중 이사장 1인, 이사 2인, 감사 1인의 임원을 두는 것이 협동조합을 설립하기 위한 최소한의 구성이 됩니다. 임기는 4년 이내에서 정관에 따르게 되어 있으며, 연임은 2번까지 가능합니다. 특별한 조항으로는 이사장의 다른 협동조합 이사장 겸직을 금하거나 이사장, 이사와 직원은 감사 겸직 금지, 임원은 직원 겸직 금지조항이 있는데, 임원의 직원 겸직 금지는 10인 미만이나 직원협동조합은 제외됩니다. 목회자들이 협동조합을 설립하는 경우 이사장을 맡는 경우가 많은데, 그 경우 규모가 크면 직원 자격으로 임금을 받는 것은 법적으로 불가능합니다. 이사장은 이사, 감사를 선출하고 난 뒤 이사 중에서 이사장을 선출하게 되어 있으며, 임원에 대해 조합원 1/5 이상의 동의로 총회에 해임을 요구할 수 있습니다. 일반적으로 협동조합을 운영하는 경우, 조합원 요구 해임총회가 자주 발생할 수 있음을 유념해야 합니다.

사회적협동조합

사회적협동조합은 기본적으로 협동조합의 구조에 공익성과 공공성을 강화한 것으로 조합원의 영리가 아니라 사회적 목적 실현을 목표로 합니다. 협동조합은 영리법인으로 배당이 가능하지만, 사회적협동조합은 배당이 금지되어 있습니다. 협동조합은 시/도지사 신고를 통해 간편하게 설립 가능하지만, 사회적협동조합은 관계부처의 인가를 받아야 하며 그 과정이 1년 정도 소요됨을 주지해야 합니다. 사회적협동조합은 지역사업형, 취약계층 사회서비스 제공형, 취약계층 고용형, 위탁사업형, 공익증진형 등으로 구분할 수 있습니다. 공공성이 매우 강하므로 국세와 지방세를 제외한 각종 부과금이 면제되고, 지정기부금을 신청할 수 있으며, 다양한 컨설팅 및 판로 등이 지원된다는 장점이 있습니다. 사회적협동조합은 흔히 사단법인과 비교되는데, 사단법인보다 더 높은 수준의 공공성을 갖고 있으며 그만큼의 투명성을 요구받습니다. 공익사업을 40% 이상 수행해야 하며, 경영공시의 의무를 갖고, 청산 시 다른 비영리법인이나 국고로 잔여재산이 귀속됩니다. 협동조합이 갖고 있는 기본적인 속성에 더 많은 의무와 제한이 있는 만큼 운영이 까다롭습니다. 다만 사단법인과 달리 설립을 위한 출자금 제한 규정이 없어 더 적은 금액으로 설립할 수 있다는 점은 장점이 되겠습니다.

제가 2020년 송파구의 선배 지역활동가들과 함께 설립한 행복누리 사회적협동조합은 '세상을 이롭게, 우리를 행복하게'라는 모토 아래 다양한 사업을 수행하고 있습니다. 자영업으로 심리상담센터를 8년간 운영하며 경험한 한계를 극복하기 위해 공공성을 확보하고 조합원과 함께 책임을 나누기 위해 이를 설립했습니다. 준비과정을 제외하고도 설립에 10개월이 소요되었으며, 설립 출자금은 350만원으로 비교적 적은 금액입니다. 주 사업인 상담을 비롯하여 돌봄과 나눔, 문화예술의 영역에서 자체 사업은 물론, 한 해 7~10여개 정도의 공모사업을 통해 사업비를 지원받아 활동하고 있습니다. 대표적인 사업들로는 취약계층 상담서비스, 마을미디어 사업, 반찬나눔활동, 자원순환활동, 기후위기대응활동, 청소년 문화예술활동, 시민교육사업 등을 하고 있으며, 수익사업으로는 상담, 출판, 미디어 관련된 사업을 수행 중입니다. 지역사회의 문제를 발견하고 그에 필요한 비영리활동을 수행하기에 사회적협동조합은 좋은 선택이 될 수 있지만, 사업수행 및 결과보고를 위해 많은 양의 서류를 감당해야 한다는 점에 있어 목회자 자신이나 구성원이 이를 처리할 능력이 되는지 미리 점검해볼 필요가 있습니다.

마을기업

마을기업은 지역자원을 활용하는 수익사업을 통해 공동의 지역문제를 해결하고 소득과 일자리를 창출하며 지역공동체의 이익을 실현하는 것을 그 목적으로 합니다. 가장 중요한 특징은 마을단위의 기업이라는 점입니다. 마을공동체가 지속 가능한 수익을 창출하며 지역의 문제를 해결한다는 점에 있어 교회가 관심을 가질 만합니다.

마을기업 지정요건이 보는 지역성은 농촌은 읍, 면으로 도시는 구 단위를 기본으로 하는데, 마을기업은 거주지 혹은 직장을 기준으로 지역주민 5인 이상이 구성 및 출자해야 하며 5인인 경우 전원이 지역주민이어야 합니다. 또 회원의 70% 이상은 지역 주민이어야 하며, 보통 10인 이상이 출자하여 공동체성을 확보하도록 권고하고 있습니다. 또 특정 1인과 특수 관계인 모두의 지분 합이 50% 이하로 설정하도록 하고 있는데, 이는 민주적 운영을 담보하기 위함입니다. 또 마을기업 설립을 위해 회원 5인 이상이 입문교육을 이수해야 합니다.

마을기업은 영리조직이지만, 사업계획서 상의 지역사회 공헌활동을 반드시 이행해야 합니다. 또 지속가능성을 위해 순이익의 30%

를 재투자를 위한 유보금으로 적립해야 합니다. 다른 조직과 달리 마을기업은 법인이 아니어도 신청이 가능한데, 선정된 경우 2개월 이내에 법인을 설립해야 합니다. 또 마을기업은 3년 간 지원을 받게 되는데, 지원규모는 1차년도 5천만원 이내, 2차년도 3천만원 이내, 3차년도 2천만원 이내이며, 각각 보조금의 20% 이상을 자부담해야 합니다. 신규신청을 위해서는 관련 교육 총 24시간을 반드시 이수해야 합니다. 이외에도 지자체별로 다양한 지원을 하고 있으며 특성상 지자체 관련부서의 주목을 많이 받는 편입니다.

문화공작소 협동조합은 홍사명 목사가 설립한 세종시의 대표적인 로컬 미디어기업이며 협동조합이자 마을기업이기도 합니다. 홍목사는 원래 개척한 교회를 통해 지역에서 청년들과 함께 공동체 활동을 펼쳐나가고 있었습니다. 그러던 중 사회적 경제에 대해 공부하게 되면서 협동조합이 청년들의 일자리문제를 해결하면서 지역사회에 기여하기에 가장 알맞은 형태임을 깨닫고 창업에 이르게 되었습니다. 주사업으로는 행사기획과 콘텐츠제작, 문화교육을 수행하고 있는데, 구성원 모두가 청년일 뿐만 아니라 그 중 상당수가 목회자인 점도 특징입니다. 이들은 행정수도로 새롭게 자리잡은 세종시라는 지역공동체를 위해 즐겁게 일하고 있습니다. 지난 2020년에는 운영실적과 사회공헌실적 등을 인정받아 세종시 1호 고도화 마을기업으로 지정되기도 했습니다.

사회적 경제와
일하는 목회자

지역사회에서 의미 있는 활동을 통해 공동체를 꾸려나가며 일자리까지 제공할 수 있다는 점에 있어 사회적 경제조직은 매우 매력적임에 분명합니다. 그러나 이를 선택하는 것은 좀 더 신중해야합니다.

첫째로 일반적인 자영업에 비해 많은 양의 서류작업을 필요로 합니다. 이것은 업무상 상당한 부하로 작용하는데, 행정 경험이 많지 않다면 익숙해지는 데에 꽤 많은 시간이 걸립니다. 둘째로 처음에는 각종 지원들이 매우 매력적으로 느껴지지만, 그것은 낮은 성장률을 끌어올리기 위한 정책임을 깨닫게 됩니다. 생존율은 다소 높지만 그만큼 성장이 제한적입니다. 셋째로 운영과정에서 구성원들과의 갈등이 필연적으로 발생하며, 이를 잘 해결하기 위해 업무 외에도 많은 에너지를 필요로 합니다.

사회적 경제조직의 제품이나 서비스가 일반적으로 영리법인들의 그것에 비해 부족하다는 평가를 많이 받는 이유는 제품과 서비스 자체에만 몰입할 수 없는 구조이기 때문이기도 합니다. (물론 모든 사회적 경제조직이 다 그렇다는 이야기는 아닙니다). 무엇보다 목회와 비즈니스를 병행해야 하는 입장에서 사회적 경제조직은 선교적 의미는 크지만 그만큼 많은 힘과 열정을 쏟아야 한다는 점을 간과해서는 안 됩니다.

그럼에도 지역성, 공공성, 공동체성, 사회문제해결에 관심이 있는 교회와 목회자라면 사회적 경제조직은 큰 도움이 될 것입니다. 무엇보다 기초적인 내용을 충분히 학습한 뒤에 차분하게 창업에 임한다면 어떤 경제조직보다 선교적인 운영이 되리라 확신합니다.

8장

일하는 목회자와
귀농귀촌

일하는 목회자에 대한 이야기를 나누면 보통 호흡이 짧은 직업들에 대해 말하게 됩니다. 일찍부터 일과 목회의 병행을 준비하는 이들이 아니고서야 기술을 배우는 데에 많은 시간을 투자할 여유가 없기 때문입니다. 반면 농촌목회는 어떤 일이든 긴 호흡으로 준비해야 하기에 여기에 뛰어드는 이들이 적은 편입니다. 무엇보다 도시의 삶이 익숙한 이들에게 농촌은 라이프스타일 자체가 도전과 두려움의 대상이기도 합니다. 새로운 곳으로 가족 모두가 삶의 터전을 옮겨야 하는 부분도 만만치 않습니다. 그러나 저만 해도 최근 수년 사이에 긴 호흡과 안목으로 귀산촌을 준비해 보았습니다. 물론 지금 당장 삶의 터전을 옮기거나 할 계획은 없습니다. 진지한 마음으로 시간을 들여 천천히 공부하며 큰 그림을 계속 구체화하는 단계에 있습니다. 반백 년 가까이 도시에서만 살던 제가 왜 인생 후반부를 시골에서 살아볼 생각을 하게 되었을까요? 저만의 이야기가 아닙니다. 통계청의 조사에 따르면 귀농/귀촌 인구는 2021년 기준으로 50만을 훌쩍 넘겼습니다. 역대 최대 규모입니다.

농촌에서
희망을 발견하다

놀랍게도 2021년 한 해 귀농/귀촌 인구의 45.8%는 30대 이하의 청년이었습니다. 이들이 귀농을 선택하는 이유는 농업이 가진 가능성을 높게 여기기 때문입니다. 귀농 이유를 묻는 질문에 이미 귀농한 30대 이하의 청년 중 26.4%는 농업의 비전과 발전 가능성 때문에, 26.2%는 가업을 잇기 위해 귀농을 택했다고 답했습니다. 응답자의 절반 이상이 도시 생활이 아닌 농촌 생활에서 희망을 발견한 겁니다.

이전 세대들과 달리 이들은 능력주의를 어느 정도 인정하면서도 불공정한 사회에 대해서는 예민한 반응을 보입니다. 그러나 이들에게 적어도 농사만큼은 공정한 영역으로 여겨집니다. 날씨라는 환경은 모두에게 공평하게 작동하고, 같은 조건 아래에서 각자가 땀 흘린 만큼의 소출을 내어주기 때문입니다.

다른 한편 농업은 과거와 달리 종합적이고 복합적인 산업으로 발전하고 있습니다. 이전 세대에게 농사는 농작물을 잘 가꾸고 수확하는 일이 전부였습니다. 한 해 동안 뙤약볕 아래에서 땀 흘려 농사를 지어도 하늘이 도와주지 않으면 소출이 적을 수밖에 없습니다. 그렇게 힘들여 얻은 생산물은 유통업자들에게 싼 값에 팔려나가 몇 번의 유통단계를 거쳐 최종 소비자에게 높은 값에 판매되었습니다. 농사는 농부가 짓고 돈은 유통업자가 번다는 말이 그래서 나오기도 했습니다.

그러나 지금은 사정이 많이 달라졌습니다. 농업은 그 자체로 부가가치가 높은 산업이 되고 있습니다. 이미 농업은 1차 산업이 아닌 6차 산업의 시대에 접어들었습니다. 잘 키운 농산물은 1차의 유무형 자원이 되고, 2차 제조가공을 통해 농부가 직접 제품을 만들 뿐만 아니라, 제품과 농촌의 환경을 직접 체험하고 즐기는 3차 체험 관광까지 개인의 부가가치 창출과 더불어 지역경제 활성화에 기여한다고 해서 1, 2, 3을 곱해 6차 산업이라 부르고 있습니다.

농업회사법인 들녘의 권길성 대표는 침례교단 출신의 목회자입니다. 저는 지난 해 그가 활동하는 논산에 직접 방문할 수 있었습니다. 권목사는 현재 지역 유기농 농가, 귀농 청년, 일하는 목회자들과 힘을 모아 양파즙과 동결건조딸기, 딸기즙 등을 생산하고 있습니다. 당시는 긴 코로나 상황으로 대중들의 소비가 줄어들면서 농가에도 비상이 걸린 상황이었습니다. 이미 저장 중인 양파의 물량도 많았는데, 햇양파까지 출하되며 공급량이 과잉되었기 때문입니다. 한때 양파값이 70% 하락하기도 했다고 합니다.

마침 저온살균/숙성 방식의 양파즙 생산라인을 준비 중이던 그는 유기농으로 양파를 기르던 농가들의 양파를 매입해 양파즙을 생산했습니다. 당장 판로를 고심하던 농부들은 안도하게 되었습니다. 이는 저장기간에 한계가 있던 양파즙의 유통기한이 훨씬 길어지고, 부가가치는 더 높아지는 결과로 이어졌습니다.

한편 제가 방문한 당시는 딸기 수확을 거의 마치던 때였는데, 산지의 딸기를 즉석에서 세척 및 가공해 카페 등에 납품하는 신선한 동결건조딸기로 제품화하는 모습을 볼 수 있었습니다. 농부들은 제값으로 딸기를 판매할 수 있었고, 생산라인을 통해 일자리를 창출할 수 있었으며, 부가적인 수익을 얻을 수 있으니 일석삼조였습니다.

이러한 일이 가능한 것은 농업에 많은 지원이 이루어지고 있기 때문이기도 합니다. 정부에서는 다양한 지원사업을 통해 농업을 장려하고 있습니다. 비료 지원 및 할인공급과 같은 기초적인 시책은 물론, 청년 농업인 활성화를 위한 영농초기 정착지원금 지원과 더불어 농촌보금자리라는 이름으로 이들을 위한 주택보급사업도 활발히 진행 중입니다.

농사가 늘 잘되기만 할 수 없기에 정부에서는 농업재해보험을 확대하고 해마다 재해대책비도 확보합니다. 뜻이 맞는 이들이 모여 농업회사법인이나 영농조합법인이 되면 더 많은 지원을 받을 수 있습니다. 각 사업화 단계에 따라 필요한 사업비를 지원하고 판로 개척에도 도움을 줍니다. 먹거리 안보를 위해서라도 농업은 정부가 사활을 걸고 지켜내야 하는 영역이기 때문입니다. 이런 지원을 탄탄히 받기 위해서는 정보 습득에 빠르고 사업 수완이 좋은 이들이 농촌에 함께해야 합니다. 마땅히 교회는 이런 일들을 신뢰관계 안에서 수행할 수 있는 좋은 공동체가 됩니다.

한편, ICT와 결합한 농업은 스마트팜이라는 새로운 가능성으로 발전하고 있습니다. 스마트팜은 농작물을 기를 때 꼭 필요한 요소인 온도, 습도, 일조량, 이산화탄소 및 토양을 측정 및 분석해 이를 적절한 상태로 변화시켜 작물이 잘 자랄 수 있는 환경을 인공적으로 조성하는 기술을 가리킵니다.

'스마트팜' 하면 당장 떠오르는 게 콘테이너 안에 조성하는 식물공장(Vertical Farm)만을 떠올리지만, 노지나 온실에서도 스마트팜을 구현할 수 있습니다. 스마트팜의 장점은 무엇보다 일손을 더는 데에 있습니다. 적절한 환경을 스스로 만들어가므로 재래농법보다 적은 인원이 효율적으로 일할 수 있습니다. 무엇보다 이상기후와 병충해가 잦아져 재래농법으로는 흉작을 보는 일이 일쑤인데, 스마트팜은 수직재배로 물류비용은 물론 온실가스 절감효과까지 기대할 수 있습니다. 가장 큰 걸림돌은 초기비용인데, 이미 수 년 전부터 정부에서는 이를 적극적으로 지원하고 있어 초기단계의 허들을 낮춰주고 있습니다.

한상수 목사(전주 비드림교회)는 전도사 시절, 소위 스타트업 판에서 발군의 능력을 보여준 인재입니다. 2010년대 중반 공적인 영역에서 이루어진 대형 네트워킹 파티를 기획하고 주도했습니다. 무엇보다 그의 관심은 청년사역에 있었습니다. 전주에서 비드림교회를 개척한 이후에 그는 청년들과 함께 바른생활자 농업회사법인을 설립했습니다. 그간의 노하우를 통해 회사의 설립 과정부터 운영에 이르기까지 정부의 다양한 정책을 활용하고 자금을 지원받을 수 있었습니다.

그는 장기적인 관점에서 BAM 선교현장에서 스마트팜이 가진 가능성을 발견했습니다. 정책자금으로 땅을 빌리고 콘테이너를 공급받아 버섯을 재배하기 시작했고, 스마트폰으로 손쉽게 모니터 하고 재배환경을 조정할 수 있는 시스템을 개발해 적용할 수 있었 습니다. 청년들은 짧은 시간 안에 스마트팜에 대한 노하우를 얻을 수 있었고, 교회 공동체는 더욱 단단해져갔습니다.

귀농귀촌을 위한
거주와 정착

40대 이상의 귀농귀촌인들 중 일부는 주거불안을 해소하기 위해 시골살이를 택하기도 합니다. 요즘처럼 금리가 높아지는 상황에 도시의 전세보증금이면 지역에 따라서는 주택을 매입할 수도 있 고, 구옥의 경우는 넓은 땅을 포함해 매입이 가능하기 때문입니 다. 다수의 지방자치단체에서 귀농인들의 안정적인 정착을 위해 농지구매와 주택매입 혹은 신축을 지원하고 있는데, 수도권에서 멀어질수록 지원폭이 커지는 경향이 있습니다.

농촌에 거주하면서 무주택자가 주택을 지을 경우 150제곱미터 이 하의 경우에는 주택을 짓고 준공을 받은 뒤 신축주택에 대해 2억 원까지 자금을 대출받을 수 있습니다. 조건은 고정금리와 변동금 리 중 하나를 선택해 17년 분할상환이 가능합니다. 또 일정 수준의 교육을 받고 농업인으로 인정되어 농지원부와 경영체까지 등록을 마치게 되면, 귀농 농업창업자금으로 기준금리 수준에서 최대 3억까지 융자를 받을 수 있습니다. 보통 5년 거치, 10년 균등분할상환 등으로 초기 상환에 대한 부담은 적은 편입니다. 물론 개인의 신용정도나 담보 등에 따라 조건이 달라질 수 있습니다.

임업의 경우 임업후계자 교육을 받은 뒤 구입할 임야가 있는 군 소재지의 산림조합이나 군청 산림과를 통해 3억원 이하의 자금을 기준금리 수준에서 15년 거치, 20년 상환 조건으로 대출을 받아 땅을 구입할 수 있습니다. 귀농귀촌은 자산이 없는 이들이 대출을 통해 새롭게 자산을 형성하고 이를 활용해 생계를 유지할 수 있는 좋은 기회가 됩니다.

정한주 목사(하늘나무 교회)는 전통적인 교회의 담임목사이면서 사회적경제의 전문가로 10여 년간 활동해왔습니다. 지역사회의 문제를 해결하고 일자리를 제공하는 일을 통해 보람을 느꼈지만, 자본이 넉넉하지 않았기 때문에 정책지원만으로는 규모의 경제가 갖는 한계에 부딪힐 때가 많았습니다.

어느 날 우연히 임업후계자에 대한 정보를 얻게 된 정목사는 임업이 가진 매력에 흠뻑 젖게 되었습니다. 무엇보다 임업에 대한 정책지원을 잘 활용하면 이전보다 더 많은 이들에게 안정적인 일자리를 만들어줄 수 있음을 알게 되었습니다. 그는 즉시 임업후계자 교육을 받고 지인들과 함께 영농조합법인을 설립했습니다. 사회적경제 영역에서 갈고닦은 기획력으로 그는 얼마 지나지 않아 매입에 소요된 비용을 대부분 회수할 수 있었고, 지금은 은퇴 목회자와 선교사들을 위한 주택 건축에 도전하면서 처음 가졌던 꿈들을 서서히 현실화하고 있습니다.

목회의 또 다른 기회,
귀농귀촌

귀농귀촌은 목회자들에게 좋은 전도와 선교의 기회가 됩니다. 도시 목회와 달리 농촌 목회환경은 훨씬 지역 기반의 공동체를 형성하게 되며, 이들과 함께 동고동락하며 더 깊은 관계를 형성할 수 있습니다. 실제로 처음 귀농한 이들이 부딪히는 것은 뜻밖의 텃세와 배타적인 태도입니다. 이는 외지인들이 들어와 진지하게 농업에 임하는 대신 부동산 등을 통한 투기에 열을 올리는 경우가 많았기 때문입니다.

그러나 농사에 대한 진심을 보이고 어른들을 공경하는 태도가 계속되면 마음을 열고 도시에서는 경험할 수 없는 끈끈함을 경험하게 됩니다. 특히 귀농귀촌한 목회자들의 진심어린 섬김에 감동하고 교회가 마을의 중심이 되는 일이 많습니다. 도시와는 달리 여전히 다양한 인프라가 부족한 시골에서는 교회와 목회자가 할 수 있는 역할이 큽니다.

이박행 목사(복내마을영농조합법인 대표)는 자신의 오랜 지병을 치유하고자 전라남도 보성군 복내면의 천봉산 골짜기에 들어오게 되었습니다. 전인치유의 선구자였던 김영준 박사의 도움으로 그는 말기 암환자들을 돕는 '복내전인치유센터' 사역을 시작했습니다. 공식적인 회차만 107회, 20~30여 명이 4박 5일 동안 함께 먹고 자며 풍욕과 건강체조, 산책, 자연식이요법, 심리치료 등을 병행하는 프로그램이었습니다.

그는 고통받는 환우들을 보며 성장주의에 빠진 조국교회가 이기심을 배가시키고 자연을 착취하는 데에 일조했음을 깨닫게 되었습니다. 이에 기독교환경교육센터 '살림'의 이사를 역임하며 한국교회생명신학포럼을 태동시켜 생명문화 확산에 나섰습니다. 그러던 중 이목사는 더불어 살아가던 마을을 살리기 위해 2013년 복내마을영농조합법인을 만들어 김치를 생산하기 시작합니다.

마을 주민 10여명이 출자자이자 노동자로 참여하는 마을기업을 통해 농가는 배추 등의 고품질 작물을 좋은 가격에 소비할 수 있게 되었습니다. 조합원들은 일자리는 물론 배당까지 받고 있음은 물론입니다. 하나의 교회가 마을을 넉넉히 섬기는 훌륭한 사례입니다.

농촌목회가 가진 가능성은 또한 농업을 통해 창조의 원리를 회복하고 생명목회를 펼쳐나가는 데에 있습니다. 도시에서의 삶은 그 자체가 반지구적이고 반환경적일 수밖에 없지만, 농촌에서의 삶은 자연친화적이며, 친환경적이기도 합니다. 특히 최근의 농업 용법들은 환경적인 요소를 충분히 고려하고 있으며, 가축을 기르는 일도 과거의 집단사육과 달리 동물권을 생각하는 새로운 방식들을 적용하고 있습니다. 생산성이 아니라 가치가 중심이 되는 건강한 방식을 고민하는 목회자들이 늘어가고 있습니다.

진교소 목사(함께하는교회)는 첫 개척을 상가교회로 시작했습니다. 개척에 참여하는 이 없이 혈혈단신 교회개척에 도전할 수 있었던 이유는 처음부터 자비량 목회를 염두에 두었기 때문입니다. 그가 처음부터 영농목회를 염두에 두었던 것은 아닙니다.

개척 후 3년이 흐른 시점에서 그는 창업진흥원으로부터 사업비를 지원받아 쌀과자 기계를 만드는 '함께 나누리'를 창업했습니다. 이후 방과후학교 교사, 마을동아리 강사를 비롯해 각종 일용직을 통해 그리고 무엇보다 생명농업목회를 통해 자비량 사역을 하고 있습니다. 진목사는 인간의 욕심으로 파괴되어진 하나님의 창조원리를 회복시키고 지구환경을 살리는 생명농업으로 건강한 먹거리를 통해 사람을 살리는 사역임을 확신하고 실천하고 있습니다. 그중 하나는 자연치유로 건강을 회복시키는 일입니다. 무엇보다 생명농업으로 자연양계에 집중하고 있습니다. 유전자 복원된 우리나라 고유의 재래닭인 청리 재래닭을 자연양계 방식으로 기르고 있습니다. 항생제나 유전자 변형 곡물을 먹이지 않고 자가 사료만으로 기르고 있으며, 이렇게 얻어진 자연양계 유정란을 판매하고 있습니다. 개당 1천 원의 적지 않은 가격이지만, 그 가치를 인정받는 이들에게 꾸준히 판매되고 있습니다.

이러한 경험을 바탕으로 그는 전북 익산시 귀농귀촌지원센터 강사로 활동하며 귀농인들을 돕기도 합니다. 자연양계 한 가지 아이템만으로도 농촌교회들이 자립할 수 있기에 그는 적극적으로 생명농업을 통한 영농목회를 권하고 있습니다.

다시 떠오르는 선교지,
농촌

이상의 이야기들은 물론 남다른 좋은 결과를 열매 맺은 특정 목회
자들의 이야기로만 비칠지 모릅니다. 농사 자체가 어렵고 힘든 일
이기 때문에 마냥 낭만적인 비전을 제시할 수는 없습니다. 그러나
목회자들이 언제나 선교하시는 하나님께로부터 보냄받은 존재임
을 기억한다면, 농촌이야말로 우리 시대 새롭게 떠오르는 선교지
임에는 분명합니다. 그곳에는 이제 더 이상 농사일에 참여할 수는
없지만 깊은 지혜를 간직하고 있는 노인들로부터 새로운 꿈을 꾸
며 부푼 가슴으로 시골살이를 시작한 청년들까지 다양한 이들이
모여 있었습니다.

새로운 시대, 새로운 가능성을 찾고자 하는 이들에게 당분간 농촌
은 목회를 위해서나 삶을 위해 그 어느 곳보다 충분한 기회를 제
공하지 않을까 싶습니다. 각 지방자치단체들은 이를 위한 다양한
귀농귀산촌 체험과 농촌유학 등을 통한 가능성 타진의 기회를 제
공하고 있으니 이를 잘 활용해보는 것도 도움이 되겠습니다.

9장

로컬, 로컬 크리에이터
그리고 로컬 교회

어느 날 전주를 여행하던 홍승현 목사는 전주에서도 꽤나 작은 동네인 덕진동의 매력에 빠지게 됩니다. 문화 콘텐츠를 바탕으로 교회개척을 계획하던 그는 마을 한 켠의 낡은 건물을 덜컥 사들이게 되고, 특별한 연고도 없는 전주에 자리를 잡게 되었습니다. 전주의 힙플[11] 살림책방은 그렇게 시작되었습니다. 찾아가는 목회를 꿈꾸던 그는 사랑방으로서의 책방이 가진 매력에 집중했습니다. 따뜻하고 아름다운 공간은 2천여 권의 장서 공간과 커피를 마시며 도란도란 이야기를 나눌 수 있는 공간으로 나뉘었습니다. 동네 사람들도 관심을 갖고 오갔지만, 전주에 여행을 오는 애서가들에게 살림책방은 성지와도 같았습니다.

별것 없어 보이는 동네에 갑자기 책방이 들어서자 관심이 쏟아졌

---

11 힙 플레이스의 줄임말로, 고유의 개성과 감각을 가진 트렌디한 공간을 의미합니다.

지만, 책방을 통해 수익을 내는 일은 쉽지 않았습니다. 최근 그는 더 많은 이들과의 만남을 위해 전주한옥마을로 자리를 옮겨 새로운 시즌을 맞았습니다. 살림책방은 책을 판매할 뿐만 아니라 인문학 서적, 그림책 등 양서를 소개하며 관련 북토크를 진행합니다. 또 지역 내 다른 자원들과의 컬래버레이션을 통해 시너지를 내고 있습니다.

앞서 소개했듯이 홍사명 목사는 사회적경제가 가진 성경적 가치에 주목하고 로컬 비즈니스의 세계에 뛰어든 케이스입니다. 그는 자본주의의 한계를 극복하고 하나님나라의 관점에서 일하는 환경을 만들고 싶었습니다. 이를 위해 뜻이 맞는 목회자들과 함께 '문화공작소 협동조합'을 설립하고 콘텐츠를 기획하고 제작하는 일에 뛰어들었습니다. 세종시는 지방자치단체 차원에서 더 많은 콘텐츠를 필요로 하고 있었지만, 신규기획도시로 다른 로컬과 달리 고유의 장소성이 부족했습니다. 문화공작소는 문화적 상상력을 통해 이를 극복함으로써 해당 분야에서 독보적인 위치를 차지하게 되었습니다.

주 사업은 공공기관과 지자체, 기업의 행사기획을 대행하고 홍보하는 일인데, 창업 4년 만에 6억 원의 매출을 올렸고 6년 차를 맞은 지금 함께 일하는 직원은 15명가량에 이릅니다. 지역 기반의 행사를 기획하거나 주최하는 과정에서 젊은 창업가들과도 많이 연결되고, 자연스레 함께 일하게 되었습니다. 문화공작소는 이렇게 만나게 된 소상공인들과 다양한 방식으로 연결되어 협업하고 있으며, 자연스럽게 이런 청년 창업가 네트워크의 중심이 되었습니다. 문화공작소는 명실상부한 로컬 기반의 콘텐츠 크리에이터 그룹입니다.

로컬,
로컬교회

정부 정책이나 비즈니스에 관심이 있는 이들은 최근 수년 사이 로컬이라는 단어를 본 적이 있을 것입니다. 지역교회를 가리키는 단어인 로컬 처치(local church)와 같은 용례에서 로컬은 지역 혹은 마을, 동네 등으로 번역할 수 있는 다소 모호한 경계를 가리킵니다. 반면 지역균형발전 등의 개념에서 로컬은 서울 혹은 수도권이 아닌 다른 지방을 가리킵니다. 이 글에서 말하는 로컬은 전자와 후자를 혼용합니다.

로컬에 대한 이야기를 시작하기 위해서는 관련된 몇 가지 정책을 우선 살펴볼 필요가 있습니다. 전자의 개념이 적용된 대표적인 정책으로는 마을공동체사업이 있습니다. 이는 공동체의 활성화를 통해 지역문제를 주민 스스로 해결하는 마을생태계를 조성하는 것을 목표로 합니다. 일본의 마을만들기가 대표적인데, 우리나라에서는 소액의 사업비를 지원받고 공동체를 실험하는 방식으로 진행되며, 이를 통해 마을활동가를 발굴함은 물론, 다년간의 과정을 거쳐 사회적경제조직을 만들어 내기도 합니다.

후자의 경우로는 지역균형발전 혹은 국토균형발전 등을 꼽을 수 있습니다. 수도권과 타지방 사이의 격차가 극단적으로 벌어지는 상황에서 각 지역이 특성에 맞는 발전을 도모하고 지역 간의 협력을 강화해 지역경쟁력을 높이며 이를 통해 전 국민의 삶의 질을 향상시키려는 이 정책은 여전히 많은 숙제를 안고 있습니다.

한국고용정보원이 발표한 지역소멸위험 분석에 따르면 2022년 3월을 기준으로 소멸위험 기초지자체 수는 전국 228개 시군구를 기준으로 50%에 육박합니다. 우리는 지방의 소멸을 이야기하면 저출생과 고령화를 떠올리지만, 가장 큰 원인은 뜻밖에도 청년유출에 있습니다. 지역 주도의 산업/일자리 정책을 적극적으로 수립하지 않으면, 청년 인구 유출과 이로 인한 지방소멸을 막을 방법이 없는 셈입니다.

로컬 크리에이터의
등장

이런 가운데에서도 로컬에서 새로운 기회를 발견하고 창의적인 비즈니스로 도전을 시도하는 이들이 등장했습니다. 이들은 환경, 문화, 역사 등의 지역 자원을 바탕으로 가치를 창출함으로써 독특한 비즈니스를 만들어 내는데, 언제부터인가 이들을 로컬 크리에이터(Local Creator)로 부르기 시작했습니다. 모종린 교수(연세대 국제학 대학원)는 로컬 크리에이터를 "골목상권과 같은 지역시장에서 지역자원, 문화, 커뮤니티를 연결해 새로운 가치를 창출하는 창의적 소상공인"으로 정의합니다.

한편 중소벤처기업부는 로컬 크리에이터를 지역가치, 로컬푸드, 지역기반제조, 스마트 관광, 거점 브랜드, 디지털 문화체험, 자연친화활동 등 7가지 유형으로 나누고 레저관광, 식품, 문화, 공간 등의 사업화 아이템에 주목합니다. 그러나 실제 로컬 크리에이터는 로컬이 가진 자원을 활용해 지역의 문제를 해결하는 소셜 임팩트(Social Impact)의 개념으로 접근할 수도 있습니다.

마을공동체사업이 마을의 공동체활동을 바탕으로 지역이 가진 문제를 해결한다면, 로컬 크리에이터는 골목상권이나 전통시장이 가지고 있는 지역자원, 커뮤니티를 로컬 비즈니스를 통해 연결함으로써 문제를 해결합니다.

한편 로컬 크리에이터는 도시재생의 관점에서 접근할 수도 있습니다. 도시재생은 흔히 재개발과 구별됩니다. 재개발은 공공의 기획 아래 기업이 주체가 되어 낙후된 도시를 전면철거 후 하향식으로 개발하는 방식입니다. 그러나 도시재생은 커뮤니티와 로컬의 장소적 가치를 중심으로 시민이 주도하는 상향식 도시정비를 가리킵니다.

로컬 크리에이터와
라이프스타일 경제

로컬 크리에이터는 이때 강조되는 장소성을 상업공간을 통해 창조적으로 복원하고 라이프스타일이라는 새로운 가치를 제안해 지역에 활력을 불어넣는 역할을 합니다. 도시재생의 대상이 인구감소 및 고령화로 인한 저성장 축소도시라면, 로컬 크리에이터는 새로운 젊은 소비자를 유입하고 이를 통해 상권을 활성화시켜 도시에 활력을 불어넣습니다.

낯설고 복잡하게 느껴지겠지만, 이와 같이 로컬 비즈니스는 공공 정책과 깊이 관련되어 있습니다. 정책은 국가나 지역 단위에서 달라지는 라이프스타일의 변화를 반영합니다. 로컬 비즈니스에 흥미를 갖는 일하는 목회자들이 자신만의 콘텐츠를 사업화하는 데에 필요한 자원이 부족할 때, 정책은 트렌드가 되는 소프트웨어는 물론 소규모의 자본을 포함한 필요자원을 뒷받침합니다. 실례로 2016년 '지역생활문화 청년혁신가 지원사업'을 필두로 로컬 비즈니스에 대한 본격적인 지원이 이루어지기 시작했고, 2019년부터는 '로컬 크리에이터 활성화 지원사업'을 전국적으로 확대 운영하고 있습니다.

코로나로 인해 지역경제가 위축되었지만 2020년에는 280개, 2021년에는 250개 팀을 선정해 사업화자금과 교육, 네트워크를 제공하는 방식으로 역량강화 지원을 제공했습니다. 이후 특히 로컬 크리에이터 간의 협업을 고도화하는 등 로컬 크리에이터 간의 생태계를 적극적으로 구축하는 사업이 진행되고 있어 성과의 귀추가 주목됩니다.

물론 로컬 비즈니스가 이런 정책으로 인해 등장하게 된 것만은 아닙니다. 상기했듯 정책은 라이프스타일을 이끌기도 하고 이에 후행하기도 합니다. 모종린은 〈라이프스타일 도시〉(2016, Weekly BIZ books)에서 지역 중심의 라이프스타일 경제를 다룹니다. 라이프스타일은 일시적인 관심이나 화두처럼 빠르게 변화하는 트렌드와 달리 개인과 사회 가치관의 차이에 의해 오랜 시간 축적된 생활이나 행동, 사고양식을 가리킵니다. 그에 따르면 탈산업화시대를 맞은 우리는 물질주의에서 탈물질주의로 이행하는 단계에 있습니다.

특히 밀레니얼 이후 세대, 이른바 MZ세대는 도전과 경쟁, 겸손, 절약 등의 가치 대신 개성과 자기표현, 다양성, 삶의 질 등을 중요하게 여깁니다. 이들은 개인의 가치와 개성을 드러내는 차별적이며 주체적인 소비를 지향합니다. 때로는 이 가치의 실현을 위해 소통하고 연대하며 소비를 통해 이를 드러냅니다. 그래서 가치관을 공유하는 활동에 적극적이며 로컬의 생산품과 콘텐츠를 선호하며, 취향 공동체를 통해 이웃과 소통하기를 즐긴다는 특징이 있습니다.

로컬 공간에서의
문화적 가치 창조

특히 우리가 주목해야 하는 지점은 2000년대 초반 미국의 브루클린, 포틀랜드를 중심으로 발현된 힙스터 문화입니다. 이들은 개성 넘치는 디자인과 스토리를 중심으로 카페, 레스토랑, 편집샵, 복합문화공간, 식료품 가게 등을 창업했는데, 주로 버려진 공간들을 문화예술과 결합해 새로운 가치가 부여된 핫플로 만들어냈습니다. 그리고 빠른 속도로 이러한 흐름이 우리나라에까지 이르게 됩니다.

국내에서는 가장 먼저 서울 강북을 중심으로 이런 흐름이 일어나기 시작했습니다. 우리가 잘 알고 있는 홍대, 가로수길, 삼청동, 이태원을 거쳐 형성된 이른바 골목상권은 이후 서울을 벗어나 지방으로 확산됩니다. 이러한 골목상권의 부활은 주거와 쇼핑의 단지화를 역행하는 새로운 흐름을 만들어냈습니다. 특히 도시재생과 맞물려 발달한 골목상권은 골목길을 재개발해야 할 지저분하고 볼품없는 공간에서 문화와 추억을 향유하는 공간으로 재해석되었습니다. 우리가 잘 아는 서울 이화동의 벽화마을이나 부산의 영도 흰여울 문화마을 등이 좋은 예입니다.

물론 여기에는 지방자치단체들의 골목상권 조성정책도 한몫하고 있습니다. 골목 안에 먹거리, 놀거리, 살거리가 풍부하면 금상첨화입니다. 그러나 꼭 힙한 상권이 아니어도 찾아올 만한 공간을 만들면 그곳이 앵커가 되어 모임과 관계가 확장되기도 합니다. 조영권 목사(산울림마을교회)는 은평구 녹번동에서 가족 카페 '즐거운 반딧불이'를 운영하고 있습니다. 즐반(즐거운 반딧불이의 애칭)은

2011년에 태동했습니다. 원래는 녹번동과 인근 응암동의 학부모들이 자녀들을 위한 더 나은 교육을 고민하던 끝에 자연스레 생겨난 모임이었습니다. 가족과 이웃이 함께 청소년들의 꿈과 개성을 키워주는 동네 울타리를 만들어주자는 취지에서 골목길 가족카페가 시작되었습니다.

공동체가 함께 운영하는 즐;반은 2013년 서울시 정책사업인 청소년 휴(休)카페로 선정된 이후 부모커뮤니티 사업, 마을공동체지원사업, 녹색장터사업, 이웃만들기사업 등 작은 규모의 정책사업을 마을 사람들과 함께 수행하며 묵묵히 골목을 지켜나가는 중입니다.

창업을 통한
로컬 크리에이터 목회

반면 본격적인 창업을 통해 로컬 크리에이터 역할을 톡톡히 하는 목회자들도 등장하고 있습니다. 장부 목사(이음교회)가 운영하는 '세종시삼십분'은 세종시라는 로컬의 식음료 콘텐츠를 발굴하고 그만의 기획을 통해 사업화하는 곳입니다.

신도심에 처음 자리를 연 '비스트로 세종'은 세종시에서 나는 로컬 식재료를 활용해 정통 프랑스 음식을 만들어내고 있습니다. 비스트로 세종은 수앤진컴퍼니 주최 청년창업 브랜드스토리 공모전에서 1위를 차지할만큼 탄탄한 스토리를 기반으로 합니다. 또 세종시에는 요즘 트렌드가 된 지역 맥주가 없다는 것을 알고 로컬 특산품인 복숭아를 이용한 에일을 론칭하기도 했습니다.

그의 두 번째 도전은 세종시가 도농상생도시라는 지역특성을 적극적으로 활용해 얻은 사업 아이템입니다. 젖소를 키우는 목장이 많다는 사실을 알게 된 장목사는 로컬에서 나는 신선한 우유로 그릭 요커트를 만들어 판매하고, 아이들에게는 목장체험을 제공하게 되었는데, 이는 2021년 세종창조경제혁신센터에서 운영하는 로컬크리에이터 사업으로 선정되기도 했습니다.

최근에는 유휴공간이 많은 원도심의 버려진 공간을 활용해 '미트볼 스테이션'을 론칭했습니다. 해당 공간이 역 앞에 있어 오랜 시간 주민들의 사랑을 받았던 곳이고, 고대생과 홍대생들이 주로 이용했던 칼국수집이었다는 스토리를 버무려 리(Re)브랜딩하게 되었습니다. 일련의 과정을 통해 장부 목사는 세종시의 대표적인 로컬 크리에이터로 자리잡았습니다.

로컬 크리에이터가 반드시 영리를 목적으로 하는 전문적인 비즈니스를 통해서 성장하는 것만은 아닙니다. 꼭 트렌디하고 힙한 인테리어가 아니어도 가치와 의미를 찾아나서는 노마드들에게 공간과 마음을 내어주는 것으로 로컬 교회는 충분히 제 역할을 할 수 있습니다.

검단참좋은교회(유승범 목사)는 개척 이후 지역사회와 소통하기 위해 다양한 시도를 해왔습니다. 열린 주제의 독서모임이나 양질의 강연을 열기도 하고, 아이들과 부모님이 함께할 수 있는 활동을 제공하기도 했습니다.

그러나 이 작은 교회가 지역주민들에게 본격적으로 주목을 받게 된 것은 교회 안에 제로웨이스트샵 '자연공간 숨'을 열면서부터입니다. 유목사 자신이 기후위기에 대응해 환경에 대한 관심이 높았던 탓도 있지만, 제로웨이스트나 자원순환에 대한 관심이 시민운동의 차원을 넘어서서 착한 소비와 관련 커뮤니티 형성으로 확대되었기 때문입니다.

주민들은 대나무 칫솔, 고체치약, 삼푸바 등은 물론 세제 리필스테이션을 통해 덜어 쓰는 세제 등을 구입합니다. 단순히 제품만 구입하는 것이 아닙니다. 기후위기 관련 플로깅활동, 북토크나 독서모임과 체험활동 등을 통해 모인 주민들은 실생활에서 실천 가능한 활동에 함께 참여합니다.

'자연공간 숨'은 우리동네 자원순환센터를 자처하고 있어 멀리 구청까지 가지 않아도 자원순환활동에 참여할 수 있도록 했습니다. 작은 교회가 어필할 수 있는 매력 중 하나는 진정성입니다. 특히 MZ세대는 이러한 진정성에 진심으로 반응하고 마음을 엽니다.

교회가 로컬에
주목해야 하는 이유

교회가 로컬에 주목해야 하는 이유는 우리의 선교환경과 패러다임의 변화에 있습니다. 초기 서구의 기독교 공동체는 성벽 외부의 묘지 인근에 형성되었습니다. 이후 중세에 이르러 도시가 팽창하는 과정에서 교회는 종교뿐만 아니라 세속 영역을 정치, 사회적으로 지배하려 했습니다. 교회가 도시의 중심이었다고 해도 과언이 아닙니다. 사후세계에 대한 두려움을 이용해 절대적인 권력을 갖고 있던 교회는 도시의 자율성을 제한하며 지대, 벌금, 주조권, 십일조 징수 등의 권리를 통해 경제적 이익을 취해왔습니다. 신 중심의 사고가 인간 중심의 사고로 전환된 것은 르네상스 시대에 이르러서입니다. 종교개혁을 통해 오랜 시간에 걸쳐 교회는 비로소 신앙의 본질을 회복하며 세속에서의 권력을 내려놓을 수 있었습니다.

후기기독교시대를 맞이한 오늘날의 교회는 더 이상 마을의 중심이 아닙니다. 이제는 기독교 체제의 가시적 확장을 지양하고 교회가 세상 속에서 선교적 삶을 통해 하나님나라의 가치를 발현해야 합니다. 김선일 교수(웨신대 실천신학)는 신앙의 모험을 결단한 공동체가 특정한 지역에서 구체적으로 이웃을 섬기고 진실한 관계를 맺으며 이웃 사랑의 제자도를 실천하도록 격려하는 선교적 교회론이 교회의 다양한 표현을 통해 구체화되어야 한다고 말합니다.

그런 의미에서 로컬은 우리 시대 선교적 교회가 이웃과 더불어 살아내야 하는 바로 그곳입니다. 실력있는 일하는 목회자들이 로컬 크리에이터가 되어 선교적 삶을 몸으로 살아낼 때 비즈니스는 교회에 지속가능성을 부여할 뿐만 아니라 콘텐츠와 관계를 통한 선교의 통로가 될 수 있습니다. 변화하는 라이프스타일에 맞춰 특히 젊은 세대들과 소통할 수 있는 로컬 비즈니스에 일하는 목회자들이 더 깊은 관심을 가져보면 어떨까요?

10장

일하는 목회자와
IT, 미디어 업종

목회환경에 따라 요구의 정도가 다르긴 하지만, 오늘날 목회자들은 비교적 높은 수준의 IT 및 미디어 활용 능력을 필요로 합니다. 지난 수년간 코로나19로 인해 온라인예배 중계를 위한 방송영상 및 음향에 대한 기술까지 갖춰야만 하는 상황을 맞았습니다. 어떤 이들은 재빠르게 적응하며 새로운 기술을 익혀나가기도 하고, 미디어 활용이 익숙하지 않은 이들은 필요성을 공감하면서도 학습을 차일피일 미루곤 합니다.

혹자는 이러한 일에 재미를 느껴 취미 혹은 그 이상의 열정으로 장비를 사들이고 스스로 관련 기술을 학습하기도 합니다. 그러다가 예배를 섬기기 위해 취미 삼아 시작한 배움이 생계에 작은 도움이 되기도 하고, 전문기술을 갖춰 본격적인 스몰 비즈니스의 세계로 진출하기도 합니다. 목회활동과 관련된 이러한 미디어 활용기술에는 어떤 것들이 있을까요?

출판 편집프로그램(DTP)
활용업종

부교역자라면 누구나 운전면허 정도는 갖고 있기 마련입니다. 슬프게도 교회 사역 현장에서 요구받는 가장 기본이 되는 기술은 설교가 아니라 운전이기 때문입니다. 새벽예배를 비롯한 다양한 공예배 시간에 성도들을 안전히 운송하는 일이 부교역자들의 가장 큰 역할입니다. 그 운전 다음으로 중요한 기술이 바로 문서를 작성하는 능력입니다.

입문하는 과정에서 접하는 툴은 다양하지만, 보통은 주보나 행사 포스터를 제작하면서 워드프로세서의 기초를 익힙니다. 워드프로세서야 누구나 다 할 수 있는 일이니 이걸로 무슨 돈을 벌 수 있을까 싶지만, 기본적인 활용법을 바탕으로 타자 속도만 맞출 수 있어도 할 수 있는 일들이 있습니다. 강의나 녹취 영상 등의 음성을 문서로 변환하는 일인데, 보통 5분에 5천원을 기본으로 분당 1천원 정도를 받을 수 있습니다. 최근에는 다양한 AI 툴을 활용해 조금 더 쉽고 빠르게 이를 수행할 수 있습니다. 물론 생계를 해결할 정도의 돈을 벌수는 없지만, 큰 기술 없이도 틈틈이 할 수 있는 이러한 작은 일자리는 프래린서를 위한 크몽(www.kmong.com) 등의 플랫폼을 통해 찾을 수 있습니다.

목회자들 중에는 인디자인 등의 범용 DTP 앱을 다루는 이들도 있습니다. 인디자인은 포토샵이나 일러스트레이터와는 달리 책을 만들기 위해 필요한 레이아웃과 편집, 인쇄에 그 기능이 집중되어 있습니다. 얼핏 워드프로세서와 비슷하게 보이지만 자간, 행간, 장평, 문단 간격 등이 소숫점 이하 단위로 미세하게 수정이 가능하고, 스타일의 세부 설정을 통해 글꼴이나 문단 포맷을 정해놓은 규격에 자동으로 맞출 수 있습니다.

가장 큰 차이는 레이아웃을 먼저 잡고 그 흐름에 맞게 글과 그림을 배치할 수 있다는 점입니다. 출판에 사용하는 전문적인 앱이므로 다루기 어렵다고 생각하기 쉬우나, 앱 자체는 생각보다 단순하고 활용도 또한 매우 높으므로 얼마든지 도전해볼 만 합니다. 특히 포토샵이나 일러스트레이터 등의 이미지 툴을 다룬 경험이 있다면 더욱 쉽게 접근할 수 있습니다.

인디자인을 익혀두게 되면 주보 디자인은 물론이고 리플렛이나 브로슈어, 일반 출판 디자인까지도 가능합니다. 특히 최근 독립출판에 대한 관심이 급증하면서 해당 분야에 관심을 갖는 목회자와 신학생들이 많아졌습니다. 표지 등의 전문적인 영역은 외주를 주더라도 가장 품이 많이 드는 내지 작업을 직접 할 경우 비용을 크게 절감할 수 있다는 장점이 있습니다.

다만 인디자인을 통해 책을 편집하는 일은 하나의 언어를 익히는 것과 비슷하기 때문에 단순히 툴을 사용할 줄 아는 것만으로는 부족합니다. 현업에서 통하는 실력을 갖추려면 독립출판 커뮤니티에 가입해 적극적으로 교류하며 작업 디테일을 배우는 편이 낫습니다. 또 실무에서만 통하는 어휘들이 있으므로 작은 작업이라도 기회가 될 때 실무에 도전해야 경험치를 쌓아 향후 전문 편집자에 도전할 수 있습니다.

디자인 분야의 프리랜서로 활동하기 위해 포토샵과 일러스트레이터는 필수적인 앱입니다. 처음 이 두 앱을 접하는 이들은 포토샵과 일러스트레이터의 차이를 구별하기 어렵습니다. 포토샵은 비트맵 방식의 편집툴이고, 일러스트레이터는 벡터 기반의 편집툴입니다.

간단히 설명해서 비트맵 방식은 사진과 같은 디지털 이미지를 저장하는 방식입니다. 사진과 같이 하나의 점이 하나의 값을 갖게되고, 각 화소가 모여서 전체 이미지를 구성합니다. 비트맵의 경우 가로 곱하기 세로 만큼의 픽셀 정보를 다 저장해야 하기 때문에 벡터 그래픽에 비해 용량이 크고 처리속도가 늦습니다. 또 단순히 크기를 키우면 이른바 '깍두기' 현상이 발생하게 된다는 단점이 있습니다.

반면 벡터 그래픽은 기준점을 중심으로 수학식을 활용해 이미지를 표현하므로 확대해도 이미지가 깨지지 않는다는 장점이 있습니다. 따라서 일반적으로 사진 등의 이미지를 보정할 때는 포토샵을 사용하게 되고, 직접 일러스트 등을 디자인해 그려낼 때는 일러스트레이터를 사용합니다.

포토샵과 일러스트레이터 역시 기본 기능을 익히는 것은 크게 어렵지 않습니다. 그러나 툴을 사용할 수 있다고 해서 바로 실무에 투입이 가능한 것은 아닙니다. 이 두 가지 툴은 디자인 관련 업무를 하기 위한 가장 기초적인 도구입니다. 기본 기능만큼은 자유롭게 사용할 수 있어야 다양한 디자인 업무 실무가 가능합니다. 기초적인 학습은 책을 구매해 하나하나 따라하며 실습하거나 유튜브 무료 강좌, VOD 온라인 강좌 등을 통해 익힐 수 있습니다. 유튜브 무료 강좌만으로도 실무에서 사용하는 기본적인 기능들은 충분히 익힐 수 있습니다.

그러나 중요한 것은 툴 자체를 다루는 숙련도만이 아닙니다. 결국 기본적인 디자인 감각을 익혀야 합니다. 일반적으로는 전문가들이 보여주는 좋은 결과물들을 많이 보고 또 따라하는 방법이 이 감각을 끌어올리는 가장 좋은 방식입니다. 교회 사역은 그런 면에서 부교역자들에게 좋은 훈련의 장이 되므로, 기회가 되는대로 적극적으로 새로운 툴을 활용하며 실무에 적용해보는 것이 좋습니다.

과거와 달리 요즘은 월정액으로 앱을 구독해서 사용하기 때문에 커피 몇 잔 값만 아껴도 정품 소프트웨어를 패키지로 이용할 수 있습니다. 새로 나오는 앱들은 AI를 활용해 막강한 기능들을 탑재하므로 이런저런 앱들을 시험삼아 활용해보면 섬세한 작업을 빠르게 하는 데에 도움이 됩니다.

목회자들이 어떤 일을 시작할 때 갖는 두려움 중 하나는 자신이 전공자가 아니거나 일을 정식으로 배운 적이 없다는 점입니다. 그러나 현업에 종사 중인 이들 중 전공자이거나 자격증을 소지한 이들은 의외로 많지 않습니다. 10년차 디자인 회사 '나음과 이음'을 이끌고 있는 오재호 목사도 디자인 전공자가 아닙니다. 그는 처음부터 자립하는 교회를 꿈꾸며 재정 자립을 위해 비즈니스를 시작했습니다.

교회에서 10여 년간 다양한 디자인 일을 도맡아 해왔던 경험이 창업이라는 자신감으로 이어졌습니다. 주보는 물론이고 각종 홍보물, 교재 출판 등을 제작한 교회 안의 디자인 경험은 생각 이상으로 큰 자산이었습니다. 이후 오목사는 목공과 인테리어에까지 그

영역을 넓혔습니다. 교회에서 늘상하는 업무일지라도 스스로 디테일에 신경쓰고 퀄리티를 높이기 위해 노력한다면 또 하나의 가능성을 찾을 수 있습니다.

사진 촬영과
편집기술 활용

교회에서 목회자들이 무심코 하는 사역 중 하나가 바로 사진을 찍는 일입니다. 스마트폰 카메라의 성능이 비약적으로 발전했고, 이를 손쉽게 보정하는 앱이 다양하게 등장해 과거처럼 카메라를 잡을 일이 좀처럼 없기도 합니다. 그러나 교회에서 스마트폰으로 찍는 사진은 넓은 화각에 담아내는 행사 사진에 그치기가 쉽습니다. 교회 사역에서 기억할 만한 순간들은 성도들의 다양한 표정과 활동 모습이기 때문에 미러리스나 DSLR을 사용하면 훨씬 좋은 순간들을 포착할 수 있습니다.

교회에서 재정을 들여 구입한 좋은 카메라가 있다면, 사진을 공부할 수 있는 좋은 기회로 여기고 손에 익도록 자주 다루어보는 것이 좋습니다. 만약 직접 카메라를 구해야 한다면 가급적 수동 기능이 충실한 중급기 이상으로 구매할 것을 권합니다. 이미지 품질이나 성능이 비약적으로 발전한 지 오래라 연식이 오래된 제품도 공부는 물론 실전에서 사용하기에 문제가 없습니다. 출시 후 5년 이상 지난 카메라들은 감가상각이 충분히 이루어져 주머니 사정이 어려운 목회자들도 어렵지 않게 구매할 수 있습니다.

카메라를 활용해 빛을 컨트롤하는 기본적인 원리는 그리 어렵지 않습니다. 하루 정도면 쉽게 익숙해질 개념입니다. 또 촬영의도에 맞는 카메라 앵글을 배우는 것도 복잡한 이론을 필요로 하지 않습니다. 그러나 사진이 빛의 예술인만큼 빛의 질감이나 광질에 대한 감각을 익히는 건 생각보다 많은 연습을 필요로 합니다.

특히 상업사진은 취미활동보다 훨씬 풍부한 광량을 필요로 하기 때문에 연출할 기회를 많이 갖기 어렵습니다. 다행히 사진은 좋은 강좌가 자주 열리는 편입니다. 각 카메라 회사들이 개최하는 사진 강좌도 상당히 높은 수준의 강의인 경우가 많습니다. 문화센터 등에서 4~6회 정도의 코스로 들을 수 있는 사진 강좌도 유명 작가를 섭외하는 경우가 많아 한 번쯤 들어볼 만합니다.

상업사진과 취미활동의 가장 큰 차이는 원하는 사진을 얻기 위해 조성하는 촬영 조건에 어떤 장비를 투입하는가에 있습니다. 더 비싼 스트로보나 확산성이 좋은 지속광을 활용하기 위해서 렌털 스튜디오를 활용해보는 것도 좋습니다. 개인적으로 빌리는 게 부담 스러울 때는 동호회 모임을 활용할 수 있습니다. 여럿이 스튜디오를 빌려 인물사진 등을 연습하는 모임이 상당히 많습니다. 실력있는 이들과 어울리다 보면 자신의 실력도 저절로 올라가는 것을 경험할 수 있습니다.

사진 실력을 어느 정도 갖추게 되면 할 수 있는 스몰 비즈니스는 다양해집니다. 쇼핑몰 상품촬영은 쉽게 구할 수 있는 일자리 중 하나입니다. 패션사진 수준의 높은 질을 요구하기도 하지만, 보통은 소품 정도를 촬영하게 됩니다. 촬영을 돕기 위한 제품들도 모두 렌털이 가능하고, 촬영용 스튜디오도 빌릴 수 있으므로 생각보다 큰 지출을 필요로 하지 않습니다.

오히려 사진 촬영에서 중요한 건 포토샵으로 사진을 보정하는 실력과 속도입니다. 원본이 중요한 것은 당연하지만, 후보정으로 어지간한 촬영조건은 커버가 가능하기 때문에 포토샵 실력이 중요합니다. 상품촬영 외에도 웨딩촬영 스냅보조라던가 행사사진 촬영 등 프리랜서로 활동할 수 있는 다양한 영역이 있습니다. 좋은 기회를 갖기 위해서라면 인스타그램이나 홈페이지 등을 통해 포트폴리오를 구성해두는 것도 좋습니다.

영상 미디어를 활용한

비즈니스

영상 촬영은 디바이스에 있어 과거보다 상황이 많이 좋아졌습니다. 이전처럼 굳이 고가의 캠코더를 구입해 사용하지 않아도 됩니다. 요즘은 전문가들 역시 DSLR이나 미러리스를 활용해 촬영하는 것을 선호하기 때문입니다. 게다가 쇼츠나 릴스 등의 숏폼 영상들이 하나의 시장을 형성하면서, 화질보다는 아이디어와 개성 넘치는 영상이 환영받는 시대가 되었습니다. 실제로 많은 컨텐츠들이 스마트폰 촬영을 통해 만들어지고 있는 이유는 스마트폰 세로 촬영이 하나의 규격이 되었기 때문이기도 합니다. 영상은 높은 기술을 필요로 하진 않지만, 대신 사진과 달리 음향이라는 또 다른 요소를 고려해야 합니다. 그래서 더 많은 장비와 스태프를 필요로 하게 됩니다.

사진이나 영상, 음향 모두 마찬가지이지만, 소스 자체를 잘 받는 게 무척 중요합니다. 특히 음향의 경우, 받는 기기의 성능에 따라 결과물이 크게 달라지기 때문에 가급적 범용적인 제품을 사용하는 것이 좋습니다. 한두 세트 정도는 직접 구매해 가지고 있는 편이 나으며, 더 많은 양을 필요로 할 때는 렌털시장이 활성화되어 있으므로 언제든 빌려서 사용할 수 있습니다.

요즘은 무선제품을 활용할 기회가 많은데, 성능은 올라가고 가격은 내려간 상황이라 부담없이 구매가 가능합니다. 이 분야는 어설프게 저렴한 제품을 구입하는 것보다는 유명 브랜드의 제품을 과감히 선택하는 것이 낫습니다. 물론 중고시장이 활성화되어 있으므로 중고로 구매하는 것도 얼마든지 가능합니다.

영상 역시 전공을 했는가가 꼭 중요한 건 아닙니다. '미국 종감독의 촬영비법'이라는 유튜브 채널을 운영 중인 미국 데종필름의 종유석 감독은 목회자 출신입니다. 미국 유학길에 오른 그가 생계를 위해 할 수 있는 일은 극히 제한적이었습니다. 일주일 내내 학업에 매달리고 주일에는 사역에 전념해야 했던 그가 처음 생계를 위해 시작했던 일은 새벽 시간을 활용한 도시락 배달 일이었습니다. 그러다가 우연한 기회에 이 도시락 배달업체 사장을 통해 돌잔치, 웨딩촬영 등의 기회를 갖게 되고, 점차 실력을 인정받아 본격적으로 영상 비즈니스에 뛰어들게 되었습니다.

이후 그가 설립한 데종필름은 헐리우드 최초의 K-드라마 '웨스턴 애비뉴'를 제작할 정도로 큰 규모의 프로덕션으로 성장하게 되었습니다. 이렇게 영상을 전업으로 하게 되었지만, 그는 학창시절 학교에서, 그리고 교회사역을 통해 영상을 만들어 왔던 것이 이력의 전부입니다. 꾸준히 웨딩이라는 한 분야에 집중하고, 차별화

전략을 통해 영상의 질을 높이기 위해 다양한 시도를 한 것이 성공의 비결이라고 그는 말합니다.

코로나19로 인해 새롭게 형성된 시장이 실시간중계 시장입니다. 유튜브 등 SNS 영상플랫폼이 주류가 되면서 강의, 세미나, 결혼식, 각종 행사 등을 실시간으로 스트리밍하려는 욕구가 커졌습니다. 교회는 그 어떤 곳보다 실시간 중계에 대한 노하우가 많이 쌓인 곳입니다. 단순히 스마트폰으로 촬영하는 교회들도 아직 많지만, 스트리밍 기기와 멀티캠을 활용한 다양한 샷을 연출하는 교회들도 적지 않습니다. 매주 꾸준히 실시간중계를 한다는 건 매우 소중한 실전 경험입니다.

더함미디어를 운영하고 있는 김대완 목사는 미디어 사역에 관심이 많아 연세대학교 대학원에서 방송영상으로 학위과정을 밟기도 했습니다. 그는 자신이 거주하는 양평지역에서 프리랜서로 다양한 활동을 해왔는데, 그중 독보적인 영역이 바로 실시간 스트리밍이었습니다. 당시 양평에 멀티캠을 운용하면서 여러 대의 마이크를 통해 음향을 받아들일 수 있는 건 김목사의 더함미디어뿐이었습니다. 이를 계기로 활동의 폭이 넓어진 그는 현재 전공을 적극 활용해 미디어 강사로 활동하고 있습니다. 매 학기 수업이 꽉 찰 정도로 인기가 있습니다.

요즘 활용도가 높아지는 또 하나의 영역으로는 드론 촬영이 있습니다. 과거에는 전문가용 드론을 구입하기 위해 매우 높은 비용을 치러야 했지만, 이제는 전문가용 제품도 과거 입문기 수준의 저가 제품들이 많아졌습니다. 그러나 드론을 운용하는 것은 여전히 사람의 몫입니다. 드론을 조금이라도 만져본 이들은 알지만, 이를 영상에 활용하기 위해서는 많은 노하우가 필요합니다.

저가형 드론을 구입해 교회행사 등에 적극적으로 활용하는 목회자들도 나타났습니다. 역동적인 화면구성을 고려한다면, 이제 드론 활용은 필수입니다. 드론을 통한 영상촬영이 어느 정도 손에 익은 뒤라면, 실전에서 활용 가능한 중급기를 구매해도 좋겠습니다. FPV[12]를 지원하는 최신 제품들은 모션 컨트롤러와 고글을 통해 훨씬 정교하고 복잡한 움직임이 가능해졌습니다. 값비싼 취미처럼 보일 수 있겠지만, 실제로 드론은 그렇게 비싸지도 않을뿐더러 활용가능성이 무궁무진한 영역입니다. 기회가 된다면 배워볼 것을 권합니다.

미디어를 활용하는 일이 스몰 비즈니스에 그치는 것은 아닙니다. 대전중앙침례교회에서 협동목사로 섬기고 있는 이종율 목사는 블

---

12 FPV(First Person View)란 1인칭 시점을 의미하며, 고글을 착용한 촬영자가 실시간으로 전송되는 영상을 통해 현장을 나는 듯한 1인칭 시점으로 현장감 넘치는 촬영을 할 수 있습니다.

레스웨이라는 전문업체를 운영 중입니다. 그는 교회에서 음향과 영상으로 섬기는 일을 기피하는 모습을 보며 안타까움을 느꼈습니다. 그래서 직접 방송사역에 헌신하게 되었습니다. 잘 섬기려고 하는 건강한 욕심이 관심으로 이어지고, 후에 비즈니스로 이어지게 되었습니다. 그렇게 창업한 블레스웨이는 각종 행사나 전문공연 렌털은 물론 장비 공급, 시공 등에서 종합적으로 역량을 펼치고 있습니다. 자칫 교회사역의 범주에만 머무를 수 있었던 그는 세속 비즈니스 영역에서도 충분한 경쟁력을 가지려 늘 노력하며 성장하고 있습니다.

물론 그는 음향에 대한 전문적인 기술과 역량을 오랜 기간 습득했습니다. 그러나 이목사는 교회에서 기초부터 배우고 쌓아온 경험과 실전에서 획득한 노하우들이 훌륭한 밑거름이 되었다고 고백합니다. 물론 누구나 이런 큰 비즈니스를 할 수 있다는 말은 아닙니다. 가능성은 얼마든지 존재한다는 뜻입니다.

교회는 예배라는 매개를 통해 공동체가 하나님을 경험하는 곳입니다. 매주 드리는 예배 가운데 우리가 활용하고 있는 미디어는 생각보다 다양하고, 또 높은 수준을 필요로 합니다. 매주 혹은 매일 이러한 미디어를 활용하면서 성도들에게 조금 더 나은 서비스를 제공하고자 하는 노력들이 보이지 않게 쌓이게 되면, 그것은 사역자 자신의 실력으로 돌아오게 됩니다. 똑같이 주보를 만들고, 포스터를 제작하고, 사진을 찍지만, 이를 자기계발의 계기로 삼는 것은 누가 시켜서 하는 것이 아니라 오롯이 자신의 몫입니다. 작은 일에 충성한 종에게 많은 것을 맡기는 주인을 떠올리며 오늘 우리에게 주어진 미디어 사역에 조금 더 힘을 내보는 것은 어떨까요.

마을활동가와
일하는 목회자

마을목회가 뜨고 있습니다. 이는 교계 기사에 최근 관련기사가 급
증하는 것으로 알 수 있습니다. 관련된 연구소와 모임이 우후죽순
늘어나고 있습니다. 포털에서 연관검색어로 다양한 도서와 논문
이 쏟아지는 것을 보면 더욱 그렇습니다.

목회데이터연구소의 넘버스(기독교 통계) 153호에서 〈마을목회 인
식조사〉를 발표했는데, 이를 통해 우리는 마을목회에 대한 관심
과 의지, 실천이 증가하고 있음을 확인할 수 있습니다. 스스로 마
을목회를 하고 있다고 인식하는 이들의 79%는 이를 확대하겠다
고 밝혔고, 현재 활동을 유지하겠다는 답변도 17%에 이르렀습니
다. 아직 마을목회를 하고 있지 않은 이들에게 이를 설명했을 때,
92%가 관심이 있다고 했고, 99%가 필요하다고 답했습니다. 그야
말로 마을목회의 시대입니다. 이 장에서는 주로 공공정책과 연계
된 마을목회와 마을활동을 소개합니다.

마을목회와
마을활동가

지금이야 마을과 목회라는 단어의 조합이 무척 친숙하고 범용적으로 사용되지만, 2010년대 초반 이전에 '마을'은 도시가 아닌 지역, 즉 시골에나 어울리던 단어였습니다. 도시로 사람들이 몰리며 급격한 공동화를 겪은 시골에서 작은 교회들이 마을을 섬길 수 있는 역할들이 많았기 때문입니다. 2006년 정부에서 추진한 '살기좋은 지역만들기' 사업을 살펴보면 해당 사업의 시범사업이 도시가 아닌 농촌에서 시작되었음을 알 수 있습니다.

마을이라는 개념이 본격적으로 도시와 가까워진 것은 故 박원순 서울시장이 당선 이후 2012년부터 마을공동체사업을 주요정책으로 추진하면서부터입니다. 그는 고도성장으로 인한 서울의 양극화과 주민 간의 갈등, 지역문제 등을 지역을 중심으로 하는 공동체를 회복함으로써 해결하고자 했습니다. 보수정부인 박근혜 정부에서도 마을공동체는 정부의 주요과제 중 하나였으며, 교계에서도 그제야 마을공동체, 마을목회 등을 본격적으로 수용 혹은 차용하기 시작했습니다.

일부 교단들이 마을목회를 정책적으로 추진한 것은 2017년에 들어

서면서이지만, 이에 대한 관심이 본격화된 것은 미션얼에 대한 실천적 고민에서였습니다. 지성근 목사가 2009년《새로운 교회가 온다》를 번역하고 2012년 미션얼 컨퍼런스를 준비하던 무렵, 일부 학자들이 한국적 선교적교회론에 대한 고민을 '미션얼'이라는 신조어에 담아내면서 이에 대한 담론이 변방으로부터 본격화되었습니다.

제가 개인적으로 미션얼 1세대로 분류하는 안석 목사, 황석용 목사, 김종일 목사, 나유진 목사 등이 당시 다양한 방식으로 선교적 교회를 실천했습니다. 이는 교회가 마을을 위해 무엇을 할 수 있을지에 대한 고민, 특별히 마을을 단위로 관계를 만들어가고 공동체성을 경험하기 위해 교회는 무엇을 어떻게 해야 하는가에 대한 응답이라고 할 수 있겠습니다.

한국교회에 트렌드가 형성되는 과정이 그렇듯, 마을목회는 충분히 대중적인 단어가 되었지만 난무하는 구호에 비해 실천은 아쉽게도 빈약합니다. 학자들의 치열한 연구가 현장으로 깊이 뿌리내리지 못하고 이곳저곳에서 어중간하게 소비되는 모양새입니다. 다들 공감도 하고 방법론도 풍성하지만, 한국교회의 부흥을 견인할 만큼 강력해 보이지는 않습니다.

마을목회는 교회 단위의 사례연구나 유형답습으로 가능한 일이 아닙니다. 선교적교회론에 대한 치열한 고민이 결국 그리스도인 각자의 선교적 삶에 대한 고민으로 회귀하는 것처럼, 마을목회는 결국 목회자 자신과 성도들이 마을공동체를 촉진하는 마을활동가가 될 때에야 비로소 실천가능하기 때문입니다.

마을활동가는 다양하게 정의될 수 있지만, 정책의 관점에서는 행정과 주민의 관계를 연결하고 주민참여를 돕는 촉진자들을 가리킵니다. 서울특별시 마을공동체 기본계획(2012)에서는 마을활동가를 '사람들의 인적 관계망인 마을에서 궂은일을 도맡아 하고 사람과 사람의 관계를 이어주는 이'로 정의합니다.

이들은 마을공동체에 대한 전문지식을 갖고 있고, 사업에 참여한 경험이 풍부하며 관련 주제에 대해 능숙하게 이야기할 수 있습니다. 공모사업에 직접 참여하면 크고 작은 관련 사업비를 지원받기도 하고, 업력이 쌓이면 참여자가 아닌 촉진자가 되어 행정으로부터 소액의 활동비를 직접 지원받기도 합니다. 마을활동가에게 활동비를 지급하는 것은 마을공동체의 형성과 유지를 위해 마을활동가의 존재가 필수적이기 때문입니다.

때문에 각 지방자치단체들은 마을활동가의 지속가능성을 보장하기 위해 노력해왔습니다. 그러나 마을공동체정책을 선도적으로 펼쳐왔던 서울시조차 이에 대한 경제적 보상체계가 미흡했습니다. 2017년 발표한 김동민과 정석의 〈마을활동가의 직업적 특성 분석'에서 이들은 2012~2016년 사이에 서울시에서 활동한 마을활동가들의 평균연봉을 조사했는데, 그 결과는 836만원으로, 2017년도 근로소득자 평균의 1/4 수준이었습니다. 정책이 활발할 때도 마을활동을 전문직업으로 여기는 이들이나 참여자들 역시 마을활동이 아닌 다른 활동으로 생계와 활동여건을 마련해야 했으며, 그마저도 단체장이 바뀌자 이를 불요불급 예산이나 예산 퍼주기로 매도하며 사업을 전면 중단하거나 축소하고 있는 상황입니다.

따라서 마을활동가를 단순히 생계의 차원으로 바라본다면, 추천하기 어려운 직종임은 분명합니다. 마을활동가로 살아가며 교회와 함께 가계를 돌보는 일은 녹록치 않습니다. 그럼에도 대안적인 목회를 고민하는 목회자와 신학생들에게 마을활동가는 여전히 매력적인 요소가 많습니다. 교회 중심의 목회를 벗어나 다양한 활동을 통해 마을 주민들과 관계를 맺고 삶을 통해 자연스럽게 복음을 전할 수 있다고 믿기 때문입니다.

많은 이들의 기대와 달리 마을목회는 오히려 선교에 가깝습니다. 당장의 열매를 기대하기보다는 좋은 관계를 맺는 데에 만족해야 할 경우가 많습니다. 오랜 시간을 두고 마을을 대상으로 목회활동

을 펼쳐나가기 위해서는 그래서 지속가능성도 충분히 고려해야
합니다. 특히 개척 단계에 있거나 교회의 규모가 작을 때에 더욱
그렇습니다.

마을공동체에
참여하기

마을활동가를 고민하는 이들에게 가장 먼저 제언하는 것은 단체
나 조직, 공간을 만들기보다는 우선 기성 모임에 참여하라는 것입
니다. 교회개척 세미나나 마을목회 세미나 등에서 사례로 드는 내
용들은 비교적 오랜 시간 활동한 이들의 결과물인 경우가 많습니
다. 마을목회를 교회가 마을의 중심이 되는 것으로 인식한다면 거
점이 되는 공간부터 확보해야 할 것입니다.

그러나 개척 단계에서 카페를 만들고 작은도서관이나 독립서점을
만드는 일은 많은 자본과 전문성을 필요로 합니다. 오히려 지방자
치단체의 마을공동체사업 매뉴얼은 관계를 만들어가기 위한 작은
활동과 만남에 초점을 맞춥니다. 선도적인 역할을 하는 교회나 목
회자들을 바로 따라하는 대신 지역자원을 충분히 조사하고, 마을
에서 이미 활발하게 활동하고 있는 커뮤니티에 참여하는 것부터

시작해야 합니다. 처음부터 많은 자원을 무엇인가를 만드는 데에 쏟는 일은 많은 위험을 담보로 합니다.

저는 지난 10여 년간의 마을활동 끝에 생활정치 영역에 들어오게 되었습니다. 저희 부부는 교회개척 이전부터 거점이 될 심리상담센터를 만들고 지역사회 취약계층에 심리상담 서비스를 제공하는 등, 2013년부터 지역을 섬기는 활동을 시작했습니다. 그러나 이는 관계망을 만들어가기보다는 오히려 디아코니아(봉사나 섬김 혹은 사역)에 가까웠습니다. 본격적인 마을활동은 송파아이쿱생협에 가입해 활동가의 삶을 시작하면서부터입니다.

당시 송파아이쿱생협은 지역 법인을 세우는 단계였습니다. 2015년 법인설립 당시, 조합에 들어오라는 한 조합원의 권유를 통해 저 역시 마을활동을 시작하게 되었습니다. 송파구가 진행했던 씨앗기 마을공동체사업에 직접 참여하기 시작한 것은 2016년입니다. 이것 역시 송파아이쿱생협에서 활동했던 경험과 관계를 바탕으로 할 수 있었습니다. 반면 상담센터 운영은 자영업의 영역으로 보람된 일도 많았지만 운영 자체는 여러 번의 부침을 겪어야 했습니다. 지금은 저에게 찾아와 마을목회에 대해 상담하는 이들에게 반드시 작게 시작하라고, 만들기보다는 참여하고 배워야 한다고 이야기하는 이유가 여기에 있습니다.

관심영역에서
먼저 일해보기

둘째로 마을활동가로 살아가려는 이들에게 전업활동가 이전에 관련된 관심 영역에서 먼저 일해볼 것을 권합니다. 진정성 하나만으로 마을을 섬기겠다고 뛰어들기엔 이미 우수한 자원이 많습니다. 교회가 마을의 중심이 되거나 마을의 필요를 채운다는 자세는 현장을 전혀 모를 때에 갖는 태도입니다. 자칫 마을활동을 전도의 수단으로 오해받지 않기 위해서라도 우리는 충분히 준비되어야 합니다.

최근 배분사업에 관심을 갖는 목회자들을 만났습니다. 이들은 어떻게 하면 사회복지기관을 만들어 배분사업에 교회가 참여할 수 있는지부터 관심을 가졌습니다. 그러나 배분사업에 직접 참여하기 전에, 이미 배분사업에 참여하고 있는 기관이나 단체, 교회 등을 찾아가 경험을 쌓아야 합니다. 단순해 보이는 일들도 노하우를 필요로 합니다. 소외된 계층을 돕고자 한다면, 이들과 관계하는 방법과 태도부터 배워야 합니다. 대상을 선별하고 적절한 양을 산출하려면 경험 있는 이들과 먼저 함께 일하면서 전문성을 키워야 합니다.

반찬나눔사업은 비교적 단순한 사업입니다. 저는 2015년부터 송파아이쿱생협에서 반찬나눔동아리를 만들고, 조합원들과 함께 주 1회 반찬을 만들어 취약계층에 직접 배달하는 일을 해오다 2023년 1월로 서비스를 종료하게 되었습니다. 매주 밥상을 차려내는 교회를 운영하기에 반찬을 만드는 일 자체는 어렵지 않았습니다. 그러나 마을 사람들이 직접 만나서 함께 봉사에 참여하는 커뮤니티를 운영하는 일은 생각보다 쉽지 않았습니다.

좋은 뜻을 가지고 참여하고자 하는 이들이 많았습니다. 그러나 매주 나와야 한다는 의무감에 의욕적으로 참여하던 이들은 1년을 버티지 못하고 그만두어야 했습니다. 신앙을 바탕으로 사역에 헌신적으로 참여하는 교우들과는 결이 다를 수 밖에요. 또 취약계층의 특성을 충분히 인지하지 못했던 처음 몇 년 사이에 적합한 용기를 찾는 데에도 오랜 시간이 필요했습니다.

스테인레스 도시락부터 플라스틱 도시락, 일회용기까지 다양한 시도를 해보았습니다. 그런데 제법 시간이 지난 후에 정작 받는 쪽에서 지퍼백이나 비닐을 요구하기에 이르렀습니다. 용기를 씻어 내놓는 일조차 이들에게는 버거운 일이었기 때문입니다. 단순해 보이는 일에도 요령이 필요합니다. 몸으로 겪으며 경험해야 한다면, 먼저 하고 있는 이들과 함께 일하며 이를 습득해도 늦지 않다. 오히려 시행착오를 줄일 수 있는 지름길이 될 것입니다.

행정에
익숙해지기

셋째로 공적인 마을활동에 참여하기 위해서는 행정에 익숙해져야 합니다. 금액의 많고 적음과 관계없이 공적자금을 활용할 때에는 사업을 계획하고 제안하는 단계에서부터 서류작업이 시작됩니다. 설득력 있는 사업계획서를 만들기 위해서는 검색을 통해 이전 사업들을 조사할 필요가 있습니다. 공모사업의 경우 직전년도 혹은 그 이전에 선정된 사업들의 내용이나 방법론을 참고하면 사업의 의도를 파악하고 더 나은 사업을 제안하는 데에 도움이 됩니다.

사업계획서 혹은 제안서를 작성하고 사업승인을 받으면 본격적으로 사업을 수행하게 됩니다. 목회활동과 달리 공공의 영역에서는 자금집행을 번거롭게 증빙해야 합니다. 활동사진을 남기고 영수증을 첨부하며 조금 복잡해 보이는 보조금시스템을 사용하는 일은 처음에는 무척 까다롭게 느껴집니다. 또 결산과정에서는 생각보다 많은 양의 서류를 처리해야 합니다.

이 모든 일이 서류를 통해 이루어지고, 담당자를 통해 진행됩니다. 만약 함께 사역할 팀이 있다면, 처음부터 행정을 나눠서 진행하기보다는 행정을 전담하는 이를 두고 담당자의 능력치를 집중해서 끌어올리는 것도 좋은 방법이 됩니다. 복지나 자치행정 담당자와 소통하게 되는데, 한 사람이 전담하면 자연스럽게 관계가 형성되고 필요할 때 도움을 받기도 용이합니다.

보통 주민모임을 꾸려보면 실무에 있어 목회자들이 가장 능력치가 높습니다. 워드프로세서를 자유자재로 활용하고 글을 쓰는 일은 우리들이 항상 하는 일이기 때문입니다. 사진을 찍고 간단한 영상을 만드는 등, 마을활동에 필요한 능력을 우리는 이미 어느 정도 다 갖추고 있습니다. 제가 마을활동을 하면서 처음 주민들에게 매력적인 존재였던 것은 바로 이런 지점이 아니었을까 싶습니다.

새롭게 익혀야 하는 공문서 작성에 대한 노하우는 작은 단위의 사업을 통해 익힐 수 있습니다. 반가운 점은 사업의 크기가 작든 크든 기본적인 원칙은 다 비슷하다는 점입니다. 따라서 작은 공모사업으로 이러한 기본기를 익혀두면, 기회가 주어졌을 때 더 큰 사업을 수행할 준비가 된다는 것입니다.

장기적인 로드맵을
가지기

넷째로 마을목회는 장기적인 로드맵을 가지고 있어야 합니다. 마을공동체사업의 경우에는 초기에 법인격을 가진 조직을 필요로 하지 않습니다. 애초에 주민모임을 형성하는 과정에서 공동체성을 경험하게 하는 것이 목적이기 때문입니다. 보통 3인 이상의 주민모임을 기본으로 하며, 당연히 종교성은 배제되어야 합니다.

이 사업들의 목적은 이웃을 만드는 데에 있습니다. 사업 자체를 수행하기 위해서는 교우들 몇 명이 함께 하는 것으로 충분하겠지만, 저는 처음부터 적어도 일부는 교회 바깥 이웃과 함께 공동체 활동을 시작할 것을 권합니다. 한번 교회 안 모임으로 시작하면 좀처럼 새로운 이웃을 만들어 나가기 어렵습니다. 자연스러운 주민모임이 될 수 있도록 가까이에 거주하는 이들과 좋은 관계를 맺어 나가야 합니다.

반면 좀더 큰 규모의 사업들은 법인격을 필요로 합니다. 마을공동체사업 역시 일정 규모 이상의 사업은 단체가 수행하도록 합니다. 여기서 말하는 단체는 비영리민간법인, 비영리민간단체, 협동조합, 사회적기업, 사회적협동조합 등을 가리킵니다. 1~2년 관련 사업을 수행하다보면 자연스럽게 뜻이 맞는 이들을 만나게 됩니다. 수익성이 있는 사업이라면 신고제인 협동조합 설립으로 이어나갈 수 있고, 비영리활동이라면 인가제인 사회적협동조합 설립으로 확장할 수 있습니다.

저 역시 작은 규모의 마을활동으로 시작했지만, 개인의 힘으로는 한계가 있음을 많은 시행착오를 거치고 나서야 깨닫게 되었습니다. 현재는 선배 활동가 몇 분과 함께 행복누리 사회적협동조합을 설립해 운영하고 있습니다.[13] 설립 자체에도 1년 가까운 시간이 필요하고 공공성과 투명성을 확보하기 위해 추가로 투입해야 하는 에너지가 많음에도 불구하고, 규모있는 활동을 위해서는 반드시 거쳐야 하는 과정이었음을 확인하게 되었습니다.

법인격을 갖추면 위탁사업을 수행할 기회가 주어집니다. 위탁 자체는 사업비를 그대로 받고 오히려 추가적인 비용을 지출해야 하는 경우가 대부분입니다. 다만 자신이나 가족을 유급직원으로 채용할 수 있는 경우, 활동도 하면서 가계를 꾸려나갈 수 있다는 장점이 있습니다. 사회복지영역도 이전과 달리 급여가 많이 현실화되었기 때문에 도전할 가치가 충분합니다.

---

13 선출직 공직자는 사회적협동조합의 이사장을 겸할 수 없다는 법 때문에 현재는 이사장이 아닌 조합원으로 참여 중입니다.

마을활동가로 살아가며 관련영역에서 급여를 받고 전업 활동가로 살아가는 일은 만만치 않습니다. 전문 코디네이터로 활동하기 위해서는 많은 경험이 필요합니다. 그렇다 해도 받게 되는 활동비는 턱없이 적습니다. 그나마도 정권이 바뀌며 이전보다 기회가 많이 줄어들고 있습니다. 그래도 진입장벽이 가장 낮은 쪽으로 저는 마을강사를 권하고 싶습니다. 마을강사의 경우 트렌드를 읽을 필요가 있는데, 정책이 어느 쪽에 무게를 두는가에 따라 새로운 영역이 열리기 때문입니다. 비교적 적은 시수의 강의를 듣고도 민간자격증을 취득하고 관련 영역에서 활동할 기회가 주어집니다.

최근에는 환경이나 메타버스 관련 강사를 많이 필요로 하고 있고, 관련된 내용은 미디어를 통해 매년 변화하는 국가정책기조를 통해 확인할 수 있습니다. 대상에 따라서는 아동뿐만 아니라 성인들과도 지속적인 관계를 맺을 수 있다는 점도 장점입니다. 또 활동량을 스스로 조절할 수 있기 때문에 목회활동 비중을 늘리고 싶을 때는 일을 줄이고, 생계를 위해 더 많은 수입을 필요로 할 때는 일정 수준까지 일을 늘릴 수 있다는 것도 분명한 장점입니다.

마을활동가로 살아가기 위해 우리는 끊임없이 중심성을 내려놓아야 합니다. 우리가 가진 가장 강력한 무기는 진정성입니다. 중심성을 확보하려는 순간, 우리의 진정성은 조금씩 가려지기 마련입니다. 지속가능한 활동을 위해, 무엇보다 복음전파를 위해 어느 영역을 통해 마을을 섬기든 우리는 그리스도의 심장을 품고 겸손하고 지혜롭게 현장으로 나가야 합니다.

12장

교회의 미래
그리고 **일하는 목회자**

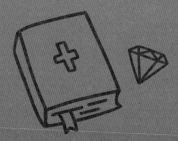

교회의 내일에 대한 전망은 잿빛 일색인 지 오래입니다. 1990년
대 후반에 정점을 맞은 조국교회의 양적팽창과 그 거품 위에 올
린 화려한 성전은 신기루처럼 사라졌습니다. 기성교회들은 평양
대부흥을 부르짖으며 과거의 영광을 되찾고자 안간힘을 써보았지
만, 더이상 오래된 언어로 대중을 설득할 수 없음을 확인하는 데
에 그쳤습니다. 밤이 되면 어둠이 산 위의 마을을 집어삼키듯, 짙
게 드리운 교회의 암부가 노골적으로 드러나면서 성실히 쌓아온
착한 행실조차 폄훼되었습니다.

코로나 팬데믹의 충격으로 우리는 슬픈 사실 몇 가지를 추가로 확
인하게 되었습니다. 우리가 사랑하던 바로 그 교회가 생각보다 깨
어지기 쉬운 그릇이라는 점, 우리가 딛고 있는 구조가 꽤나 허술
했다는 점, 그리고 교회 안팎으로 우리를 바라보는 시선이 더욱
냉랭해졌다는 점입니다. 온 세계가 조심스럽게 엔데믹을 준비하

는 가운데, 교회는 어떻게 다시 한번 희망을 노래할 수 있을까요? 2023년 우리 시대 교회가 주목해야 할 몇 가지 현상을 살펴보며 일하는 목회자의 역할을 함께 고민해보고자 합니다.

신(新)성직주의의
등장

코로나 팬데믹 이전, '성직주의'는 주로 성직자들을 중심으로 구조화된 권력을 비판할 때 사용하는 표현이었습니다. 성직주의의 발생은 4세기 이전으로 거슬러 올라갑니다. 교회의 정통성을 성서와 사도들의 가르침에 두면서 성직자의 권위는 교회의 질서와 보호를 위해 필연적이었습니다. 긴 박해의 시대가 끝나고 기독교가 국가종교가 되면서 성직은 마침내 제도화되었습니다. 로마의 바실리카가 교회건축의 기본구조가 되고 성직자가 성례전과 성서해석을 도맡으며 자연스럽게 교회 안에서 가장 큰 권력을 갖게 되었습니다. 이와 같은 구조는 종교개혁을 거치는 가운데에도 큰 변화 없이 오늘날에 이르고 있습니다. 그 때문일까. 조국교회에서 일어나는 부끄러운 장면의 중심에는 언제나 목회자들이 있었습니다.

뜻있는 이들은 이와 같은 성직자 중심의 교회구조가 문제의 근원임을 지적해왔습니다. 특히 정치적 민주화를 열망하며 권력과 맞서 싸운 경험이 있는 86세대들은 교회가 상식적인 모임이 될 것을 주문했습니다. 여기서 말하는 상식은 대체로 민주적 교회운영과 이를 기반으로 한 투명한 재정운용을 가리킵니다. 정관을 민주적으로 개정하고, 의사결정의 민주화를 이루며, 목회자의 권력을 제한하고 이를 비목회자들에게 이양하고자 했습니다. 일부는 평신도주의로 확장되어 전문 목회자 없이 말씀과 성례전, 사역을 다 함께 수행하는 평신도교회가 생겨나기도 했습니다.

교회개혁은 실로 절실한 과제였습니다. 교회가 시대의 요구에 맞는 상식적인 곳이 되기 위해 반드시 필요했습니다. 그러나 이것이 마냥 긍정적으로 작동한 것은 아닙니다. 정치적 민주화가 그랬듯, 민주적 교회를 세워나가기 위해서는 오랜 시간에 걸친 치열한 고민과 합의가 필요했습니다. 그러나 이미 정치적 민주화를 경험한 세대는 운동이라는 방식을 통해 단번에 이를 개혁할 것을 주문했습니다. 민주적 교회운영에 대한 전이해와 경험이 충분하지 못한 상황에서 목회자와 비목회자 모두가 어려움에 부딪혔습니다.

목회자 중심의 구조에 익숙했던 목회자들은 목회에 대한 주도권을 제한받게 되었습니다. 이는 자연스레 목회활동의 위축으로 이어졌습니다. 토론과 합의에 익숙하지 않은 회중 역시 의사결정과

정에서 필연적으로 발생하는 갈등을 좀처럼 원만하게 해결하지 못했습니다. 특히 목회자 재신임 제도는 목회자의 고용을 불안정하게 하고 손쉬운 해고의 빌미가 되곤 했습니다. 담임목회자 역시 고강도의 청빈을 강요받으며, 적은 임금이 마치 교회개혁의 상징처럼 되어버렸습니다.

새롭게 생겨난 개혁적인 교회공동체들은 일부 결국 깨어졌고, 참여했던 목회자들은 탈진하기도 했습니다. 교회개혁에 적극적으로 참여하지 않은 교회들도 이것이 필요하다는 인식은 갖게 되었지만, 대부분의 시도는 목회자에 대한 불신과 이에 따른 부작용에 그쳤습니다. 결국 의도와는 무관하게 교회 생태계는 더욱 위축되었습니다. 교회개혁의 적극적 대상인 대형교회들은 개혁의 의지가 전혀 없었고, 외부로부터의 개혁 요구에 오히려 내적 결속만 강화되었습니다. 결국 교회개혁이 실패한 것으로 보인 것은 이 때문입니다.

규모와 상관없이 조국교회는 목회자의 카리스마에 의존해 성장해왔기에 성직자 중심주의를 포기할 수 없었습니다. 2010년대 중반에 이르러 교회의 위기가 가시화되었습니다. 대형교회들은 축적된 자산이 넉넉해 위기에도 흔들림이 없었습니다. 반면 대부분의 작은 교회들은 갑작스러운 교세감소로 고사 위기에 처했습니다.

폭발적인 교회 성장의 반동이 한 세대가 거의 지나고야 찾아온 셈입니다. 대부분의 신대원은 입학정원을 채우지 못했고, 목회자들은 교회와 가계를 유지하기 위해 일터로 내몰리게 되었습니다. 오늘날 일하는 목회자들에 대한 관심이 커진 것은 이러한 상황에 기인합니다.

코로나 팬데믹이 뜻밖에 길어지면서 조국교회는 새로운 상황을 맞이했습니다. 사회적 거리두기 강화의 일환으로 정부는 교회 내 대면예배를 금지시켰습니다. 이런 상황에서 교회를 지키고 최소한의 목회활동을 수행하기 위해 정부는 목회자와 유급직원의 활동만을 허용했습니다. 이는 교회를 사랑하던 성도들에게 나아가 조국교회 전체에 큰 충격으로 다가왔으나, 덕분에 우리는 목회자의 기능과 역할을 재고하게 되었습니다.

각 교회들은 비대면 온라인예배를 서둘러 준비했습니다. 예배당에 나와서 직접 현장예배에 참여하는 것은 목회자와 직원뿐이었지만, 이들의 섬김을 통해 교우들은 아쉬운 대로 예배에 참여할 수 있었습니다. 시간이 지나며 목회자들은 비대면 기술에 점차 능숙해졌고, 성경공부나 신앙 모임들 역시 비대면으로 전환되었습니다. 공동체가 함께 만나는 것은 금지되었지만, 각 가정과 개인들은 목회자의 전화와 방문을 통해 하나님의 위로하심을 경험할 수 있었습니다. 예배순서지와 작은 선물들을 들고 직접 가정에 방문하는 방식으로 대면 모임의 아쉬움을 달래며 교회는 공동체의 결속력을 유지했습니다.

코로나 팬데믹으로 인해 교회는 잠시 위기를 맞게 되었지만, 조국 교회는 교회와 성도들을 섬기는 목회자 고유의 직무가 꼭 필요함을 새롭게 확인할 수 있었습니다. 성서연구와 목양, 예전집례라는 성직자 본래의 기능과 역할이 새롭게 인식되는 이 건강한 경험을 저는 신(新)성직주의라 부릅니다. 보이지 않아도 나를 위해 기도하고, 나를 대신해 우리 공동체를 섬기고 운용하는 믿음직스러운 이 존재는 여전히 교회에 필요합니다. 교회의 크기나 재정상태, 유형에 상관없이 성직에 복무하는 전문성직자가 공동체를 결속시키고 유지하는 데에 큰 도움이 됨은 말할 것도 없습니다.

그런 의미에서 교회의 재정으로부터 부분적으로 혹은 완전히 독립된 일하는 목회자가 포스트 코로나에 중요한 의미를 갖는 것은 자연스럽습니다. 이제 목회자가 다른 수입을 갖는 것이 신학적으로 옳은가 그렇지 않은가는 더 이상 각 교단 지도부의 관심사가 아닙니다. 어떻게 해야 교회가 지속가능할 것인가, 목회자가 성직을 계속 수행할 수 있을 것인가가 초미의 관심이 되었습니다.

목회자 자신이 공동체의 지원을 일부 혹은 전혀 받지 못하더라도, 또다른 일에 종사함으로써 목회활동을 지속할 수 있도록 각 교단은 물론 교계가 함께 대책을 마련하고 이를 지원해야 합니다. 실제로 많은 교단들이 이를 해결하기 위해 연구모임을 만들고 실제적인 지원을 도모하고 있습니다. 목회의 기술과 함께 목회의 지속가능성을 위한 생존의 기술이 요구되는 시대, 바야흐로 일하는 목회자의 시대가 도래했습니다.

마이크로 처치가
온다

코로나 상황이 지속되면서 우리는 작은 모임에 익숙해졌습니다. 사회적 거리두기라는 방역체계는 개인의 차원에서 사람과 사람 사이의 관계를 해체했습니다. 대면 관계가 제한받자, 비즈니스 영역에서부터 커뮤니티 기반의 서비스가 부상했습니다. 2001년 인터넷 플랫폼 프리챌의 작은 커뮤니티로부터 출발한 무신사, 2014년 인테리어 커뮤니티 서비스로 시작한 오늘의집과 같은 대형 커뮤니티가 이를 대표하고 있습니다. 그러나 시장에는 대형 커뮤니티 커머스만 있는 것은 아닙니다. 지역 기반의 당근마켓이 최근 지역 소식이나 모임 등에 힘을 싣는 것과 지역 기반의 소모임이 네이버 밴드를 통해 급성장하는 등 이른바 하이퍼 로컬 커뮤니티[14]가 등장하며 커뮤니티 경험을 높이고 있습니다.

이러한 커뮤니터 서비스의 본질은 신뢰에 기반합니다. 우리나라 중고거래를 대표하는 커뮤니티인 네이버 중고나라는 대부분의 거래를 비대면 택배거래에 의존합니다. 그 때문에 많은 회원들이 사기피해를 종종 입곤 합니다. 이런 상황에서 얼굴을 마주하고 물건을 거래하는 로컬 기반의 중고 거래 커뮤니티의 등장은 반가울 수밖에 없습니다. 당근마켓은 최근 동네생활이라는 별도의 서비스를 제공하고 있는데, 이용자들은 이를 통해 동네에서의 소통욕구를 해소하고 있습니다.

서비스 10주년을 맞은 네이버 밴드는 지속적으로 커뮤니티 사용성을 확장해왔습니다. 본래 지인 간의 모임을 위한 플랫폼이었던 네이버 밴드는 2015년에는 관심사 기반의 공개형 밴드를, 2021년에는 동네 기반의 소모임 밴드를 선보였습니다. 이로 인해 MZ세대의 큰 호응을 얻어 지속적인 성장을 이루고 있습니다. 실제로, 소모임 밴드는 10명 이내의 작은 모임부터 동네 중심의 관심사 모임까지 다양하게 이루어지고 있습니다.

---

14 하이퍼 로컬 커뮤니티란 코로나 팬데믹의 장기화로 생활반경이 좁아지면서 아주 좁은 범위의 특정 지역을 기반으로 하는 하이퍼 로컬 서비스로 인해 등장한 커뮤니티를 가리킵니다.

김선일 교수는 이와 같은 트렌드에 주목해 '마이크로처치' 현상을 언급합니다. 김 교수에 따르면, 마이크로처치는 제도적 교회를 벗어나 일상의 작은 만남에서 자생적으로 형성되는 신앙공동체를 의미합니다. 이는 공통의 관심사, 취미, 활동 등을 기반으로 정기적인 만남을 가지며 시작합니다. 과거 교회 내 소그룹과 유사하지만, 각 유닛이 교회를 형성할 수 있으며 매우 독립적이라는 점에서 구별됩니다.

이들은 반드시 '교회'라고 불리지 않아도 됩니다. 이웃을 위해 기도하고 사랑으로 섬기며 만남을 가지는 것으로 충분합니다. 언젠가는 자연스럽게 신앙공동체로 발전할 가능성이 있습니다. 유사한 개념으로는 영국성공회의 '교회의 새로운 표현'(Fresh Expressions of the Church)이나 선교적 교회, 작은 규모의 선교적 공동체가 있습니다.

일하는 목회자들은 자신의 공간과 비즈니스를 통해 이와 같은 작은 모임을 자연스럽게 형성할 수 있습니다. 사람들의 일상에 가까운 위치에 있기 때문입니다. 마이크로처치는 특별한 정체성이나 방식을 요구하지 않습니다. 누군가의 삶에 위로와 용기 혹은 흥미를 줄 수 있는 작은 모임이라면 무엇이든 가능합니다. 특히 세속 모임에서 우리가 목회자라는 사실이 알려지면, 사람들은 우리에게 위로와 축복, 기도를 기대합니다. 그러한 기대에 자연스럽게 호응하고, 복음을 통해 사람들의 삶을 보듬을 때 그 모임은 또 하나의 교회가 됩니다.

또 다른 새로운 현상 중 하나는 규모가 작은 교회의 약진입니다. 작은 커뮤니티에 익숙한 이들에게 교회의 규모는 선택의 기준이 되지 않습니다. 어떤 이들은 오히려 이러한 의미 있는 작은 모임을 찾습니다. 10명 이내의 마이크로처치는 공간으로부터도 비교적 자유롭습니다. 따라서 교회로부터 경제적으로 분리되어 있는 일하는 목회자들이야말로 마이크로처치를 돌보기에 적합해 보입니다. 규모가 작기 때문에 목양 역시 상대적으로 적은 힘을 필요로 합니다.

개척이 쉬워진다
하이브리드 교회의 탄생

코로나 팬데믹으로 인해 교회는 위기에 직면했습니다. 모임 제한으로 재정적 어려움이 가중되어, 문을 닫는 교회들이 많았습니다. 고정비 지출을 줄이기 위해 공간을 옮긴 곳들도 많았습니다. 그러나 이런 상황에서도 새롭게 개척해 자리를 잡아가는 교회들이 적지 않았습니다. 젊은 목회자들에게 비대면 상황은 오히려 교회를 수월하게 개척하는 기회가 되었습니다. 어떻게 이런 일이 가능했을까요?

교회를 개척할 때 가장 큰 어려움 중 하나는 고정된 공간을 임대하는 것이었습니다. 그러나 최근의 목회자들은 공간에 덜 구애받습니다. 시작 단계에서는 예배 콘텐츠를 제작하거나 모임을 가질 수 있는 작은 공간을 일주일에 하루만 사용할 수 있으면 충분합니다. 주일에 공간을 빌리는 교회도 있지만, 오히려 주중에 빌려 콘텐츠부터 제작하는 교회도 있습니다. 소그룹 모임이나 개인적인 만남은 카페나 식당, 기타 모임장소를 활용합니다. 공간으로부터 비교적 자유로운 상황이 되었습니다.

교회 개척에는 코어 멤버가 필요합니다. 교회 개척자들은 이들의 지지와 격려로 초창기 어려운 시간을 견뎌내게 됩니다. 또한 이들의 참여와 후원으로 교회가 운영되며, 이들은 교회가 가진 색깔과 톤을 결정합니다. 향후 목회에 결정적인 역할을 하는 셈입니다. 이렇게 중요한 코어 멤버를 구성하기 어려운 가장 큰 이유는 시간과 거리, 장소 그리고 소속 때문입니다. 이미 다른 교회에 다니지 않아야 하고, 새로 개척하는 장소와 가까운 곳에 살아야 코어 멤버 모임이 가능하기 때문입니다.

최성은과 안성진 목사는 지난 코로나 기간 중 샤이닝처치를 개척했습니다. 특별한 지원 없이 교회를 개척할 수 있었던 것은 이들이 온라인으로 모임을 시작했기 때문입니다. 오프라인 교회를 고려하지 않은 것은 아니지만, 코로나 시기에 많은 교회들이 비대면으로 모임을 가지고 예배를 드리는 것을 보며 새로운 기회를 발견했습니다. 이들을 지지하는 그룹은 서로 멀리 떨어져 있거나 다른 교회에 소속되어 있었기 때문에, 유튜브, 줌(zoom), 그리고 클럽하우스를 통해 모임을 가졌습니다.

샤이닝처치는 유튜브에 찬양, 설교, 신앙 콘텐츠를 제작해 업로드하며, 이는 규모가 작은 교회가 자신만의 브랜드와 색깔을 알리는 좋은 수단이 됩니다. 주일 예배는 유튜브 라이브로 송출하며, 라이브챗을 통해 소통합니다. 클럽하우스를 통한 예배 뒷풀이는 교회 모임을 외부로 열어두어, 다른 이들이 이 새로운 교회에 대해 관심을 가지고 접근하도록 돕습니다. 일반적인 온라인 예배와 다른 점은, 목회적 돌봄을 원하는 이들이 언제든 안내된 연락처를 통해 담임목사와 직접 소통하고 목회적 돌봄을 받을 수 있다는 것입니다. 샤이닝처치는 이런 일련의 과정을 통해 온라인을 통한 느슨한 공동체를 구축하려 했습니다.

오프라인 모임을 고려하지 않는 것이 아닙니다. 부담 없는 첫 출발을 위해 온라인 모임을 구성하는 교회들이 점점 늘어나고 있습니다. 샤이닝처치를 비롯한 젊은 개척자들은 예배, 교제, 교육을 위해 온라인과 오프라인 모임을 병행하고 있습니다. 온라인 콘텐츠는 시간에 구애받지 않고 사전 제작할 수 있으며, 오프라인 모임도 소그룹 형태로 진행되어 부담이 적습니다. 엔데믹에 가까워지면서 샤이닝처치는 다른 교회들과 마찬가지로 현장 주일예배를 시작했습니다.

교회개척이 부담없는 이유는 이러한 하이브리드 방식의 모임에만 있지 않습니다. 전업 목회자로 교회를 운영하려면 수십 명 이상의 교인을 모아, 이들의 헌금에 의존해야 합니다. 그러나 샤이닝처치에서는 세 명의 목회자가 동역하며, 한 달 재정 규모는 100만원 내외입니다. 각자의 가계는 개인의 몫이며, 헌금은 오직 교회 운영과 선교를 위해 사용합니다.

우리는 대변혁의 시대, 모든 것이 완전히 새로워지는 시대를 지나고 있습니다. 일하는 목회자의 존재는 교회 생태계를 더욱 생동감 있고 다채롭게 만듭니다. 교회의 지속 가능성과 건강성이 높아지며, 복음은 일하는 목회자를 통해 세속에 더 깊게 침투하고 있습니다. 일하는 목회자의 존재는 더 이상 낯설거나 이상한 것이 아니라, 새로운 시대에 맞는 교회를 만드는 주역이 되고 있습니다.

이제는 조국교회가 이들이 힘있게 세상과 교회를 섬길 수 있도록 격려하고 지원하는 것이 바람직하지 않을까요?

간단한 자기 소개 부탁드립니다.

> **안성진** : 고신대학교 신학과, 합동신학대학원대학교에서 목회학
> 을 전공한 예장 합신 교단 소속 목사입니다. INFP와 ENTP 사이
> 를 넘나드는, 전통적으로 믿어온 신앙의 유산을 새로운 상상력
> 으로 펼쳐내기를 꿈꾸는 MZ입니다. 스튜디오 모노로이드의 대
> 표, (사)조류충돌방지협회 이사로 활동하고 있습니다.

> **최성은** : 이루신 하나님 나라를 함께 누리고 싶어합니다. 이루실
> 그 나라를 함께 꿈꾸고 싶어 합니다. 일상이 복잡 고단하지만 우
> 리가 빛나는 이유를 함께 잊지 않으려 합니다. 그런 가정과 교회
> 공동체를 꿈꾸는 합신교단 소속 목사이며, 달리기에 진심인 러
> 너이며, 일상과 소망 사이에서 고민 많은 신자입니다.

다들 교회가 위기라고 할 때였는데, 어떻게 교회를 개척해야겠다 마음먹게 되셨어요?

> **안성진** : 젊은이들이 사라지고 교회가 위축된다는 위기감은 제가
> 10대였던 2000년대 초반에도 동일하게 있었어요. 단지 코로나
> 때문에 그 속도가 빨라진 것이죠. 저는 고등학교 졸업 후 선교훈
> 련을 위해 잠시 영국에 다녀왔는데요, 거기서 목격한 장면이 충

격적이었습니다. 1904년 웨일즈 부흥운동의 불씨가 되었던 교회에 갔는데, 할아버지 한 분, 할머니 한 분만이 교회를 지키고 계셨습니다. 아, 우리도 이렇게 될 수 있겠구나. 그 때 선교적 교회 개척에 대한 도전이 생겼습니다.

목회는 제 소명인데, 재정을 교회에 전적으로 의존해서는 이걸 지속하기 어렵겠다는 생각을 했습니다. 우리 시대에는 교회가 다른 방식으로 존재해보면 어떨까 하는 생각이 들었죠. 코로나19로 인해 이러한 문제가 현실이 되면서 오히려 지금이 새로운 교회를 개척할 적기라고 생각했습니다.

최성은 : 반대로 저는 개척에 대한 생각이 전혀 없었는데, 코로나19로 인해서 현실을 제대로 인식하게 된 경우입니다. 저는 평범한 부교역자로서 꾸준하고 성실하게 사역하고 있었거든요. 공부도 쉼 없이 했으니 이대로 대형교회에 가는 것도 좋겠다고 생각했습니다. 그러나 코로나19를 겪으면서 저는 교회가 마냥 좋기만 한 곳일 수 없다는 걸 깨닫게 되었습니다. 무엇보다 급여에 의존하는 부교역자로서는 과도기와 같은 이 시대에 소신 있게 사역하기 어렵겠다 싶었죠.

또 코로나19를 지나며 새로운 사실을 깨달았습니다. 예전에는 어른들 말씀에 많이 귀기울이고 의지하는 편이었는데, 코로나19 상황을 맞으면서 어른들이 오히려 우리에게 기대는 걸 많이 보게 되었습니다. 항상 배우기만 하는 입장이었는데, 앞으로의 시대는 우리 손으로 열어가야 한다는 걸 경험했습니다. 변혁의 시대에 우리는 오히려 길을 내는 사람이 되어야 하는구나 하는 깨달음이 조금이라도 더 젊을 때 새로운 시도를 해야겠다는 결심으로 이어졌습니다.

교회가 위기라는 말은 지속가능성이 적다는 의미이기도 한데요, 두 분은 어떻게 이 문제를 해결해야 한다고 보세요?

> **최성은** : 부교역자를 하면 당장은 사례를 통해 생계가 어느 정도 해결되지만, 더 먼 미래는 오히려 보이지 않게 됩니다. 실제로 주변에 그런 분들을 많이 보아왔습니다. 바뀌지 않는 현실에 투자하는 것보다 뭔가 새로운 시도를 서두르는 게 낫겠다는 판단이셨습니다. 저희는 함께 또 따로 일하면서 교회와 가정이 지속가능한 경제구조를 만들고자 했고, 어느 정도 성과가 나타나고 있습니다.

> **안성진** : 한편으로 돈을 버는 건 두 번째 문제인 것 같습니다. 지속가능성의 첫 번째 과제는 지속가능한 사역모델을 세우는 데에 있습니다. 우리가 부딪혔던 문제들은 대부분 교회 안에서 시간과 돈으로 헌신하는 성도들에게 지나치게 의존하는 구조에 있다고 보거든요. 경제적인 자립은 필요하지만, 추구해야 할 본질이 아니에요. 성도와 목사와의 관계, 그리고 교회의 교회됨을 어떤 방식으로 보여줄 것인가를 고민하며 새로운 구조를 상상해야 할 때입니다. 코로나19는 외부로부터의 충격으로 그 구조가 바뀌는 걸 경험하는 시간이었습니다. 이제는 적은 돈과 사람으로도 교회란 무엇인가를 명확하게 보여줄 수 있는 사역으로 재편되어야 합니다.

샤이닝처치는 지금 어떤 사역에 집중하고 있나요?

> **최성은** : 저희는 지금 교회가 어떤 곳이고 무엇을 하고 있는지를 투명하게 보여주고 설득하는 일에 집중하고 있습니다. 물론 재정의 투명성도 중요합니다. 교회재정 건강성운동 활동가나 회계

사들이 작은 규모에서도 참 잘하고 있다고 평가하시면서 많은 조언을 주셨습니다. 그러나 오늘날 교회에는 또 다른 투명함이 요구됩니다. 바로 이야기를 통해 교회를 선명히 보여주는 일입니다. 사람들은 한 번의 구구절절한 설명이 아니라 이야기의 흐름에서 반복되는 일관된 메시지에서 의미와 가치를 발견하거든요. 홈페이지나 유튜브 채널을 통해 샤이닝처치의 이야기를 접하는 분들이 자연스럽게 이걸 찾도록 하는 게 저희의 목표입니다.

안성진 : 저희의 타깃은 교회를 떠난 지 오래 되었거나 아예 종교가 없는 분들이에요. 이들에게는 우리 교회의 규모나 사역의 다양함, 예배의 분위기 이런 건 부차적입니다. 저희는 우리가 얼마나 교회다운가에 집중하고 있고, 그래서 철저히 본질적인 기능 중심으로 사역하고 있습니다.

또 이들은 사람 자체가 소비되는 기존의 방식을 불편하게 여깁니다. 저희는 이들이 충분히 누리고 언제든 사역에 동참하거나 편하게 빠질 수 있는 유연한 구조를 만들어가고 있습니다. 당장의 성장보다 꾸준함을 기대하는 거죠.

'찾아가는 예배'는 어떤 예배인가요?

안성진 : 단순한 심방 개념은 아니고, 코로나19 상황, 특히 온라인 예배 가운데에 '성례전을 어떻게 시행할 것인가?'라는 질문에 대한 응답이었습니다. 장로교 전통에서 무척 중요한 이슈잖아요. 처음에 저는 온라인 성찬을 제안했습니다. 그런데 여기 최목사님은 절대 안 된다고 하시더라구요. 그럼 우리 교회의 전통 안에서 어떻게 해결할 수 있을까. 다른 방법이 없더라구요. 저희가 목회자로서 수고해야죠. 그래서 전국에 흩어져있는 우리 성도들

을 찾아갔습니다. 오프라인 예배에 무조건 나오라는 방식 대신에, 교회가 그들을 찾아가는 것으로 시작하고자 했습니다.

최성은: 목회는 결국 사람을 대상으로 하잖아요. 내가 섬길 대상을 찾아가는 게 우리 목회자들의 역할이라고 생각했습니다. 지속가능성을 이야기할 때, 우리가 교회를 세워나가는 가치, 방법 이런 것들도 중요하겠지만, 더 근본적인 건 '우리 교회를 필요로 하는 이들이 있는가' 하는 점입니다. 필요로 하는 사람들이 있어야 존재할 이유가 있는 거니까요. 결국 교회의 지속가능성은 누군가에게 필요한 교회인가에 달려있는 거죠.

에필로그

교회의 지속가능성을 논의할 때, 우리는 먼저 교회가 현대사회와 문화의 변화에 어떻게 적응하고 또 혁신할 수 있을지에 대해 고민합니다. 교회의 전통적인 가르침과 신앙을 현대사회에 어떻게 적용하고 새롭게 해석할 수 있을지에 대한 연구는 물론 중요한 과제입니다. 우리는 또한, 예배의 형식과 내용에 변화를 주는 것도 고려해봅니다. 설교 주제나 스타일을 다양화하고, 예배에 새로운 미디어를 활용하기도 합니다. 예배 음악을 현대적인 스타일로 바꾸는 것도 한 방법일 수 있습니다. 기존의 오래된 예배당 건물을 헐고 크고 멋진 현대식 예배당을 짓기도 합니다.

그러나 우리는 자주 잊곤 합니다. 우리가 진심으로 사랑하는 교회 자체가 외부의 시선으로 보기에는 높은 장벽이라는 사실입니다. 강의 때마다 신학생들에게 묻곤 합니다. 동네마다 있는 도심 속

사찰에 한 번이라도 방문해본 적이 있느냐고 말입니다. 사찰 안에서 어떤 변화가 있든 혹은 크고 멋진 법당을 지어 올리든 우리는 아무런 관심을 갖지 않습니다. 마찬가지로 교회 공동체 외부에서는 안에서 무슨 일이 일어나는지 도대체 관심이 없는 게 당연합니다. 조금만 생각해보면 우리끼리의 변화와 혁신일 수 있다는 말입니다.

또한 복음을 생산하고 전파하기 위해 교회가 극복해야 하는 외부적인 장애물은 점점 커지고 있습니다. 무엇보다 현대 사회는 교회에 대한 신뢰와 기대를 잃어버렸습니다. 최근의 종교인식조사는 처참한 수준입니다. 우리는 어느새 가장 호감도가 낮고 가장 신뢰도가 낮은 종교가 되어 버렸습니다. 그 사이에 종교에 관심이 전혀 없는 층만 두터워졌습니다. 우리가 아무리 좋은 메시지를 전달하려 해도, 이미 닫혀버린 사람들의 마음을 열고 교회로 초청하는 것은 매우 어려운 일이 되어 버렸습니다.

서두의 고민들은 모두 한 가지 전제에서 시작합니다. 그것은 '사람을 강권하여 데려다가 내 집을 채우라'(눅 14:23)는 말씀에 순종하기 위해 우리가 예배당 건물에 사람들을 빠르게 모아야 한다는 생각입니다. 매력적인 건물, 매력적인 예배, 매력적인 프로그램과 매력적인 목회자가 사람들을 교회로 이끌 것이라는 믿음입니다.

물론, 여전히 우리에게는 멋진 교회가 필요합니다. 그러나 교회 바깥 세상은 훨씬 더 매력적인 것들로 가득합니다. 변화의 속도가 빠르기 때문에, 어떤 현상을 분석하고 적용하려 할 때면 이미 새로운 것들이 우리 앞에 나타납니다. 우리가 더 많은 지식과 자원을 소유하고 그것을 시혜적으로 제공해 사람들을 불러들이는 시대는 이미 지나갔습니다.

다행히 여전히 우리에게는 충성된 일꾼이 되고자 서약한 이들이 있습니다. 목회자들은 부르심에 순종해 새로운 삶으로 뛰어든 이들입니다. 보냄 받은 곳에서 하나님의 선교에 참여하는 것은 마땅히 모든 하나님 백성의 응답이어야 하지만, 목회자들이야말로 헌신을 약속하고 오랜 시간을 통해 잘 훈련된 소중한 자원입니다. 신학생들이 줄어들고 신학교육 역시 위기를 맞고 있다지만, 여전히 복음에 헌신된 일꾼들이 좀처럼 열리지 않는 세속의 문을 힘차게 두드리고 있습니다.

일하는 목회자들은 그런 의미에서 특별한 가치를 갖습니다. 교회라는 경계 바깥에서 경계인들과 삶을 함께하며 하나님의 나라를 살아내는 선교적 삶을 통해 비신자들을 복음으로 초청합니다. 일터에서 우리 자신이 교회가 되어 사람들 속에서 함께하시는 그리스도를 비추는, 작지만 의미 있는 존재가 됩니다. 사람들은 일하는 목회자들을 통해 교회 바깥에서도 하나님의 나라를 엿보고 또 경험합니다. 교회의 지속가능성은 그런 의미에서 단지 일을 통해 자본을 획득하고 생계를 유지하는 것 이상의 의미를 갖습니다. 우리 자신이 하나님 나라를 비추는 창이며, 우리가 바로 교회이기 때문입니다.

아담 리 펠트만 교수(메트로 볼티모어 신학대학교)는 지난 7월 13일 사랑빛교회(한규승 목사)에서 열린 한 세미나에서 다음과 같이 말합니다. "예배, 공동체, 선교 이 세 가지를 보장하는 공동체라면, 아무리 규모가 작더라도 마이크로처치가 될 수 있습니다. 지역사회에 교회가 가장 빨리 스며드는 방법은 지역사회에서 일하는 것입니다. 일하는 목회자는 지역 주민들과 관계를 맺으며 복음을 전할 수 있습니다." 이러한 변화는 이제 우리 주변에서도 쉽게 볼 수 있는 현상이 되었습니다.

최근 일하는 목회자들 사이의 연대와 교류가 더욱 활발해지고 있습니다. 일하는 목회자들 커뮤니티에서 만난 목회자들이 여러 가지 모양으로 협업하기도 합니다. 인테리어 목수인 최주광 목사(시공인테리어, 홍예교회)는 공사가 끝난 뒤 가급적 김승우 목사(이레클린, 함께하는교회)에게 입주청소를 부탁합니다. 교회 공사의 경우, 김홍준 목사(목공방 은서재)가 성가구를 담당합니다. 일을 통한 협력이 확장되어 교회 간의 연대와 교류로 이어지게 되면, 일하는 목회자들이 섬기는 작은 공동체들의 사역 또한 이전보다 더욱 풍성해질 것입니다.

여전히 대부분의 교단에서 이중직은 헌법상 금지되어 있거나 제한적으로 허용되고 있습니다. 이러한 규제 역시 더디지만 조금씩 완화될 전망입니다. 이미 각 교단의 헌법과는 별개로 신학교 강단에서는 일하는 목회자 관련 강의와 세미나가 활발하게 이루어지고 있습니다. 또 신학생들은 스스로 조직한 동아리 활동을 통해 자신만의 창의적인 목회를 디자인하며 연구하고 있습니다. 갖은 규제에도 불구하고 현장에서 만나는 일하는 목회자들의 수는 눈에 띄게 증가하고 있습니다. 개척이 창업이라는 구호가 현실이 되고 있습니다.

물론 다양한 목회환경이 각자에게 주어지고 각각이 갖는 의미가 서로 다르기에, 이것은 운동이 될 수는 없습니다. 목회에만 전념하는 전문 목회자들은 여전히 필요하며, 교회 안에 머물며 목양에 집중하는 전업 목회자들 역시 그 자리에 있어야 합니다. 그러나 만일 지금보다 좀 더 적극적으로 교회 바깥에서 선교적 삶을 살아내길 원한다면, 지금이 바로 그 때입니다. 잊지 마시기 바랍니다. 선택이 빠를수록 주도권을 갖게 됩니다.

일하는 목회자들

일하는 목회자들의 애환을 나누고 서로를 위로하고 격려하기 위해 2016년 만든 페이스북 그룹 '일하는 목회자들'은 정보 교류와 커뮤니티 및 판매 기능을 강화하기 위해 페이스북을 떠나 현재 네이버 카페에 둥지를 틀었습니다. 일하는 목회자는 물론이고 이들을 응원하기 위한 많은 분들의 가입을 환영합니다.

• https://cafe.naver.com/aleum2023

사단법인 **센트**

지속가능한 목회와 선교를 위한 네트워크 플랫폼 사단법인 센트(이사장 윤은성 목사)는 그 어느 때보다 어려운 목회환경 속에서 목회자와 교회가 서로를 돕기 위한 목적으로 설립한 종교 사단법인입니다. 기성 교단의 소속 여부와 상관없이 작은 교회 및 선교단체들이 최소한의 법인격을 갖추고 종교 기부금 세액공제 서비스를 제공할 수 있도록 돕습니다. 또한 목회와 선교에 꼭 필요한 교육을 통해 목회자의 역량을 강화하고 있습니다.

• http://www.sent.or.kr

단비클럽

단비클럽은 예수 그리스도의 이름으로 이루어지는 모든 선한 사역과 이들을 응원하고자 하는 후원자들을 연결하는 기독교후원플랫폼입니다. 빠르고 간편한 결제 시스템과 낮은 수수료, 짧은 입금주기, 블록체인 기반의 투명한 플랫폼으로 웹에서도 앱에서도 간편한 가입절차를 거쳐 편리하게 이용하실 수 있습니다.

• https://danbeeclub.com

함께심는교회

'소박하고 진실되게, 더불어 살아내는 하나님의 나라'를 모토로 하는 함께심는교회는 탈공동체를 지향하는 나그네 교회입니다. 당신의 이야기를 듣는 교회, 나그네를 기꺼이 환대하는 교회를 표방하는 함께심는교회는 12시 30분 열린밥상으로 모임을 열고 2시에 이어지는 예배를 통해 환대와 경청의 정신을 구현합니다. 참된 안식을 경험할 수 있는 함께심는교회로 여러분을 초청합니다.

- https://planterschurch.modoo.at/
- 서울 송파구 가락동 189 5층